ARMORIAL GÉNÉRAL

DE

L'ANJOU

D'APRÈS

LES TITRES ET LES MANUSCRITS DE LA BIBLIOTHÈQUE NATIONALE,
ET DES BIBLIOTHÈQUES D'ANGERS, D'ORLÉANS, ETC.
LES MONUMENTS ANCIENS,
LES TABLEAUX, LES TOMBEAUX, LES VITRAUX, LES SCEAUX,
LES MÉDAILLES, LES ARCHIVES, ETC.

PAR

M. Joseph DENAIS

OFFICIER D'ACADÉMIE,
Chevalier de l'ordre pontifical de Saint-Grégoire-le-Grand,
Membre de la Commission Archéologique de Maine-et-Loire, de la Société des Antiquaires de l'Ouest,
des Antiquaires de Normandie, des Sociétés historiques et archéologiques du Maine,
de Touraine, du Limousin, etc.
Membre de l'Académie Royale Héraldique italienne.

DOUZIÈME FASCICULE

ANGERS

GERMAIN ET G. GRASSIN, IMPRIMEURS-LIBRAIRES
RUE SAINT-LAUD.

1882

L'auteur de l'Armorial voudrait avant tout faire une œuvre consciencieuse, exempte, s'il était possible, d'omissions et d'erreurs. Il s'adresse à toutes les familles qui ont le droit de voir figurer leur nom dans cette publication, à tous les amis de l'histoire et de l'archéologie de notre province, les priant instamment de lui envoyer le plus tôt possible les renseignements, — et, s'il y a lieu, les rectifications, — qu'ils pourraient lui fournir et qu'il recevra toujours avec gratitude.

J. D.

Michon.

De gueules à huit coquilles d'argent posées en orle.

D'Hozier, mss., p. 1346.

Micloto ou Mieloto (Dreux de).

D'argent à deux fasces de gueules accompagné de neuf merlettes de sable posées quatre, trois et deux.

D'après le cartulaire de Montguyon. — Gencien, mss. 996, p. 49. — Audouys, mss. 994, p. 122.

Midière (de la), v. Audouin.

Midorge de Grancy.

D'azur au chevron d'or accompagné de trois épis d'orge d'or tigés de même posés deux et un.

Audouys, mss. 994, p. 116. — Armorial, mss. de Dumesnil, p. 17. — Mss. 439. — D'Hozier, mss., p. 65.

Migné (de), v. du Tronchay.

Migon ou Mingon de Puissensaulx; — dont Jacques, maire d'Angers en 1569-1570; François, commentateur de la coutume d'Anjou, lieutenant du sénéchal d'Anjou à Saumur; Jean, secrétaire de la reine Jeanne de Laval et son procureur au comté de Beaufort, 1497.

D'argent à trois clous de la Passion de sable.

Gaignières, Armorial mss. p. 86. — Gohory, mss. 972, p. 154. — Mss. 703. — Audouys, mss. 994, p. 112. — Mss. 993. — Gencien, mss. 996, p. 5. — V. Mingon.

Mihervé (de), v. Le Bigot.

Milacerie (de la). v. Aubry.

Millanchère (de), v. Tusseau.

Millandière (de la), v. Allongny.

Millasseau.

D'argent à une bande de sable chargée de trois coquilles d'or.

D'Hozier, mss. p. 1129.

Millasserie (de la), v. de Saint-Ouan.

Millaud (de).

D'azur à la main dextre mouvante d'un nuage et tenant trois épis de blé, le tout d'or accompagnée d'un croissant d'argent en pointe le chef de gueules chargé de trois étoiles d'or.

Sceau. — V. de Chivré.

Millé de la Bretêche.

D'argent à la croix de sable cantonnée de quatre tourteaux engrelés de même.

Gaignières, Armorial mss., p. 33. — Audouys. mss. 994, p. 123. — Gohory, mss. 972, p. 25. — Mss. 995. p. 74. — Gencien, mss. 996. p. 52, dit... *la croix d'azur...* — V. de Jarzé.

Millepied (de), v. Rigault.

Millet.

D'azur à la bande d'or cotoyée de deux croissants montants de même, écartelé de gueules à trois losanges d'or posés deux et un.

Devise : *Vidimus stellam in oriente.*

Gohory, mss. 972, p. 105.

Millet; — dont Guillaume, abbé de Saint-Georges, prédécesseur d'Antoine, 1547-1574.

D'azur au lion d'or au chef échiqueté de gueules et d'or.

Devise : *Ne quid nimis.*

Sculp. 1573, église abbatiale de Saint-Georges. — Une miniature de 1555, mss. 993 dit : *Echiqueté de sable et de gueules, l'écu appuyé à une crosse.*

Millet des Burelières.

D'argent au lion de gueules couronné de même.

Audouys, mss. 994, p. 119.
Sceau. — Mss. 703.

Millonnière (de la), v. Le Gay.

Milly (de) ; — dont Geoffroy, chevalier ; Mathurin, abbé de la Boissière, 1547.

De sable au chef danché d'argent.

Sceau. — Mss. 703.

Milocheau.

Bandé de gueules et d'argent de six pièces.

D'Hozier, mss. p. 933.

Milon.

D'azur à trois têtes de loup coupées d'argent et bouclées d'or.

D'argent à trois milons d'or becqués, accolés et pattés de gueules.

Audouys, mss. 994, p. 111.

Milon de Mesme, — de Varennes, — de Pocé, — de la Grange, — de la Borde ; — dont Jean prévost de la ville de Paris, 1330 ; Henri, intendant des turcies et levées

de la Loire, 1685; Louis, évêque de Condom, 1737;
Alexandre, évêque de Valence, 1772 ; César, prieur-curé de
Benais, 1698.

*De gueules à la fasce d'or, chargée d'une merlette de sable, et
accompagnée de trois croissants d'or, deux en chef et un en pointe.*

Cimier : *Une merlette.*

Devise : *Non est quod noceat.*

Audouys, mss. 994, p. 111. — D'Hozier, mss., p. 158. —
V. de Craon. — de Laval. — Samson de Masseille. — Le Mailon.

Miltière (de la), v. Verdier.

Minaudaye (de la), v. Minault.

Minault ou Minot de la Minaudaye ou de la Mino-
terie, — de Hailaudière ou de la Helandière, — de la Mai-
sonneuve, — de Sarigné, — de la Charbonnerie.

*D'argent à trois mouchetures d'hermines de sable posées deux
et une.*

Devise : *Sanguine tinctus.*

Audouys, mss. 994, pp. 114 et 117. — Mss. 439. — D'Hozier,
mss., pp. 121 et 672.

Mincé (de), v. du Fresne.

Minée du Brossay.

De gueules à trois gerbes d'or posées deux et une.
D'Hozier, mss. p. 901.

Mingon.

D'azur à trois coquilles d'argent.
D'Hozier, mss., p. 979. — V. Migon.

Minier de Chateauganne, — de Boré, — de Basserue.

De gueules à trois cygnes d'argent couronnés d'or.

Audouys, mss. 994, p. 116. — Carré de Busserolle, p. 163.

Minot, v. Minaultt.

Minoterie (de la), v. Minault.

Minzé (de), v. de Charnières, — de Dampierre.

Miomandre (de).

Écartelé aux premier et quatrième d'argent au lion d'or, aux deuxième et troisième de sable à un aigle au vol abaissé d'argent.

Sceau.

Miré (de), v. Hiret, — de Sales, — Frezeau, — du Chesne, — Giroust.

Mirebeau (de) de Longueville.

D'Orléans écartelé de Milan.

Gohory, mss. 972, p. 84. — Audouys, mss. 994, p. 123. — Dans un Armorial de l'Anjou, et Roger, mss. 995, p. 5, les armes des anciens seigneurs de Mirebeau étaient :

De gueules à trois quintefeuilles d'or posées deux et une.

Mirebeau (de), v. Pannetier, — Planchefort, — de Harpedaine, — de Gouffier, — de Blaison, — de Bomez, — Barbot, — Chabot.

Mirepoix (de), v. de Levys.

Miribel (de), v. de Beaumont-d'Autichamps.

Miromenil (de), v. Hue.

Miron ; — dont Charles, évêque d'Angers, en 1608, archevêque de Lyon, mort en 1628; Marthe, premier médecin du roi Henri III.

Écartelé aux premier et quatrième de gueules au miroir à l'antique d'argent, cerclé, cloué, recerclé et pommeté d'or ; aux deuxième et troisième d'argent à trois fasces vivrées de gueules à la bande d'azur semée de fleurs de lis d'or qui est de Gencian.

Mss. 993 et 703. — Ballain, mss. 867, p. 477. — Bruneau de Tartifume, mss. 871, p. 152. — Lehoreau, t. III, n° 19. — Bréviaire d'Angers, 1624. — Sculp. xvii° siècle à Bel-Air. — Mᵍʳ Barbier de Montaut, rép. archéol. 1863, p. 285, cite des empreintes du petit sceau de Charles Miron sans écartelé de Gencian, famille maternelle de l'évêque.

Missolier.

D'azur à une fasce d'argent alaisée accompagnée de deux croissants et en pointe d'une étoile de même.

D'Hozier, mss., p. 968.

Mocellerie (de la), v. Nepveu.

Mocet du Buisson, — du Chilois, — de Chavagnes, — du Marais, — des Roches ; — dont Henri, sénéchal, premier maire perpétuel de Saumur, 1693 qui eut pour successeur son fils Henri, en 1716; René, écuyer gentilhomme de la Vénerie du roi, 1677 ; Jacques, grainetier au grenier à sel de Saumur, 1722; Joseph, chanoine grand archiprêtre de Tours, mort en 1775 ; Henri, lieutenant général en la sénéchausssée de Saumur, gentilhomme de la chambre du duc d'Orléans, mort en 1766 ; Henri, lieutenant des maréchaux de France, à Montreuil-Bellay, chevalier de Saint-Louis, 1789.

De gueules au chevron d'or accompagné de trois tourterelles d'argent, deux en chef et une en pointe.

Sceau xviii° siècle. — D'après d'Hozier, mss. p. 159, Henri, maire de Saumur en 1697, portait ainsi que le chanoine de Tours :

Parti d'argent à trois têtes de serpent coupées de sable posées deux en chef et une en pointe. — La famille porte actuellement : d'azur au chevron d'or...

Mocquerie (de la), v. Le Barroys.

Modetaye (de la), v. Maudet.

Mogas (de) de Sermaise.

D'azur au chevron d'or accompagné de trois têtes de lion arra-chées de même, deux en chef et une en pointe.

D'Hozier, mss., pp. 305 et 343. — Mss. 439. — V. Maugas.

Mogatrie (de la), v. Gerault.

Moinerie (de la), v. d'Henry.

Moinière (de la), v. Ricordeau.

Moiré (de), v. de Champagné, — de Vrigné.

Moiria (de) de Chastillon, — des Corneilles.

D'or à la bande de gueules cantonnée de six billettes de même posées en barre.

Mss. 993.

Moisant (de).

D'azur à une fleur de lis d'argent accompagnée de trois étoiles de même.

Sceau. — V. de Moysand.

Moisandière (de la), v. Sibille. — Thierry.

Moissonnière (de la), v. des Hommeaux.

Molands (des), v. Le Maignan.

Molay (du).

D'argent au sautoir engrelé de gueules cantonné de quatre roses de même.

Audouys, mss. 994, p. 114. — V. du Maulay.

Mollières (de)

D'azur à trois losanges d'argent.

Audouys, mss. 994, p. 110. — Roger, mss. 995. p. 16. — Gaignières, Armorial mss., p. 19. — Gohory, mss. 972, p. 34. — Mss. 995, p. 108. — Gencien, mss. 996, p. 51. — V. de Juigné.

Molons (des), v. Le Maignan.

Monac (de), v. Cornay.

Monbault (de), v. de la Haie-Monbault.

Monbiel (de).

D'or à une montagne d'azur et un chef de sinople chargé de deux coquilles d'argent.

D'Hozier, mss., p. 1339.

Monbrun (de), v. Maulevrier, — Bunault, — Pichat.

Monceaux (de), v. d'Ecuillé, — de Pincé, — de Mon-griffier. — Guerrier.

Moncel (de).

De gueules à trois losanges d'argent posés deux et un.

Sceau.

Moncelet (de) de Beauchesne. — de la Hubaudière.

De gueules à un chevron d'argent accompagné en chef d'un crois-
sant aussi d'argent et en pointe de deux montagnes de même, l'une
à côté de l'autre.

Audouys, mss. 994, p. 117. — D'Hozier, pp. 145 et 500.

Moncellerie (de la), v. de la Chevallerie.

Monchenil (de).

D'or à trois lionceaux de gueules, accostés de huit pinçons de
sinople posés en orle.

Audouys, mss. 994, p. 123.

Moncontour (de), v. de la Haye, — d'Abbadie.

Mondain.

De gueules à un mont d'argent sommé d'un daim saillant de même.

D'Hozier, mss., p. 304.

Mondamer de Sept-Forges. — des Gages. — des Écotais.

D'argent à l'aigle impériale de sable.

Audouys, mss. 994, p. 119.

Mondières (de) de la Borderie.

D'argent au lion de sable armé et lampassé de gueules.

Mss 439. — Audouys, mss. 994, p. 119.

Mondillé (de) ou de Mondilly, v. de Dieusye.

Mondomaine (de).

Parti d'azur au chevron d'or accompagné en pointe d'un lion rampant aussi d'or ; parti de gueules à trois macles d'or et trois annelets d'argent posés en pal, le chef d'or chargé de trois étoiles d'azur.

Sceau.

Mondot (de) de la Chevallerie, — de la Marthonie ; — dont Robert, sénéchal d'Anjou, 1527.

De gueules au lion d'or armé et lampassé de sable.

Audouys, mss. 994, p. 115. — Sceau.

Mondoublin (de), v. du Bois.

Mondragon.

D'or au lion rampant de sable.

Mss. 993. — Le mss. 995, p. 70, dit : *d'argent au lion de sinople.*

Mondragon (de) de Hire.

D'or à trois bagues de sable dont le diamant est en bas.

Mss. 703.

Monettault (de) de la Pagottière.

D'argent à trois hures de sanglier arrachées de sable posées deux et une.

Mss. 439.

Monetterie (de la), v. Aubert.

Monfoulleur (de), v. Prévost, — Hélaud, — Grognet.

Monfrou (de), v. Thielin.

Mongazon (de), v. de la Haye.

Mongeoffroy (de), v. de la Grandière, — de Contades. — de Châteaubriand.

Mongeville (de), v. de Richaudeau.

Mongodin (de) de Travaillé.

D'azur à un lion d'or.

D'Hozier, mss., p. 541.

Monnerie (de la), v. de la Roë.

Monnet (de), v. de Marcé, — Maunet, — Falloux, — Le Gros, — Le Bascle, — de Goubis, — de la Croix.

Monnire (de la), v. Quelin.

Monnoir des Touches.

D'azur à un chevron d'or accompagné en chef de deux étoiles et en pointe d'un lion de même.

D'Hozier, mss. p. 953.

Monoye (de la), v. Ferrault.

Monplan (de), v. Le Masle.

Mons (de), v. Frezeau, — Grandet, — Malineau, — de Pierres.

Monseaux (des), v. Guerrier.

Mont (du), v. Avril.

Montafilant, v. de Montespedon.

Montafray (de), v. d'Auvers.

Montaglan (de), v. Bourneau, — Blondé.

Montagne (de la), v. Champagne, — de la Haye.

Montagny (des).

Écartelé aux premier et quatrième d'azur à une tresse d'or accompagnée en chef d'une étoile de même ; aux deuxième et troisième de gueules au lion dragonné et couronné d'or, au chef d'or chargé d'une hure de sanglier de sable.

D. P.

Montaigne (de).

D'or à la croix de gueules.

Audouys, mss. 994, p. 122. — V. de la Tremblaye.

Montaigu (de) du Bois-Davy.

D'azur à deux lions d'or posés à côté l'un de l'autre, armés, lampassés et couronnés d'argent.

Devise : *Apre à faillir Montaigu !*

Audouys, mss. 994, pp. 117 et 124. — V. Le Roux. — Ourceau. — de la Harpedune.

Montalais (de) de Chambellay, — de Marans, — de Vernée, — de Vern, — de Sceaux, — de Cré, — de Chanteussé, — de Fromentières, — de Marigné, — de la Cour, — du Moulin, — de Daon, — de Chollet ; — dont Hélie, chevalier de Malte, en 1548 ; Mathurin, aumônier du roi,

abbé de Saint-Melaine et du Gué-de-Launay, 1575 ; Jean, doyen de l'église de Tours, 1676.

D'or à trois chevrons de gueules à la fasce d'azur brochant sur le tout.

Cimier : *Une tête de cerf au naturel sommée de gueules.*

Supports : *Deux anges au naturel vêtus de chemises blanches.*

Gohory, mss. 972, pp. 6 et 112. — Audouys, mss. 994, p. 111, — Roger, mss. 995, p. 9. (Sceau xiv° siècle). — D'Hozier, mss., pp. 496 et 501. — Mss. 995, pp. 76 et 82. — Gencien. mss. 996, p. 49. — Gaignières, Armorial mss., p. 1. — Le mss. 703 et un sceau de Garin de Montalais, en 1253, disent : *le champ d'argent* au lieu d'or..... — En 1548, Hélie de Montalais portait :

D'or à trois chevrons renversés d'azur.

De Courcy, Arm. de Bretagne. — |V. du Tertre. |— des Bans.

Montalifan (de), v. de Dinan.

Montange (de), v. du Gast.

Montargis (de), v. Le Devin.

Montaterre (de), v. Madaillan.

Montaudin (de), v. de Monteclair.

Montaudun (de), v. Sireuil.

Montauliers (de), v. de Béthune.

Montault des Iles, (Charles), évêque d'Angers, 1802-1839.

D'azur aux lettres initiales C. M. entrelacées d'or.

Après le rétablissement des armoiries :

D'azur à deux mortiers d'argent allumés de gueules posés en pal qui est de Montault, du Bigorre ; *au franc quartier* des évêques barons de l'Empire qui est : *de gueules à la croix alaisée d'or à senestre.*

Sous la Restauration et jusqu'à sa mort, l'évêque d'Angers supprima *le franc quartier et la toque baronnale* qu'il portait sous l'Empire au-dessus de l'écusson.

Rép. archéol. de l'Anjou, 1863, p. 296. Portrait lithographié (Angers, Lesourd). Livres liturgiques et sceaux. — V. Barbier.

Montauban (de), v. de Coesmes.

Montbault (de), v. de la Haye, — du Coudray.

Montbason (de), v. de Rohan.

Montbenault (de), v. Amenard, — Aveline.

Montbertault (de), v. Tarin.

Montblanc (Augustin-Louis de), ancien évêque de Saint-Dié, puis archevêque de Tours, 1824-1841.

D'azur à une bande d'or accostée de deux miroirs d'argent.
Carré de Busserole, p. 676.

Montbourcher (de) du Bordage, — du Bois, — de Chambellay, — du Breil-Berard, — de Saint-Gilles, — de la Corbière, — de Ravalle, — de Livré, du Lion d'Angers, — de la Maignanne, — du Plessis-Pilet.

D'or à trois marmites ou chavannes de gueules.

Devise : *Assez d'amis quand elles sont pleines !*

Cri de guerre : *Fougère !*

Gohory, mss. 972, pp. 19 et 123. — Audouys, mss. 994, p. 114. — Roger, mss. 995, p. 9. — Mss. 993. — Mss. 995, p. 86. — Gencien, mss. 996, p. 50. — La branche du Bois-Montbourcher écussonne :

De gueules à trois chavannes ou marmites de sable.

V. du Bois. — de Girard.

Montbron (de) de Segré, — de Maulévrier, — de Montsoreau, — d'Erigné, — de Mortagne, — d'Aulnay, — d'Avoir, — de Lespinay-Greffier ; — dont Jacques, sénéchal d'Angoulême, lieutenant-général, pour le roi en Anjou ; G..., grand écuyer du roi René, chevalier du Croissant, 1448.

Burelé d'argent et d'azur de dix pièces.

Sceau.— Mss. 993. — La famille écartela ensuite : *aux deuxième et troisième de gueules plein ;* le chevalier du croissant écartelait *aux deuxième et troisième de gueules semés de deux trèfles d'or à deux bars adossés de même* brochant sur le tout que portaient d'après Audouys, p. 125, les seigneurs de Segré et de Maulévrier; et les mss. 993 et 1000 disent : *d'azur aux trèfles d'or,* et Gohory. mss. 972, dit : *d'argent semé de trèfles d'azur à deux bars adossés de même.* — V. Maulévrier.

Montbron (de) de Loumois.

De sable semé de larmes d'argent.

Sceau. — V. de Maulévrier.

Mont-Chauvon (de), v. de la Barre.

Montchenil (de).

D'or à trois lions de gueules et huit pinsons de sinople en orle.

Roger, mss. 995, p. 19. — Gaignières. Armorial, p. 56. — Mss. 995. p. 98. — Gencien, mss. 996, p. 52. — Gohory, mss. 972, p. 84.

Montchenu de Bausemblant.

De gueules à la bande engrelée d'argent.

Audouys, mss. 994, p. 113.

Montdor (de) ; — dont un abbé de Ferrières en 1514.

D'hermines à la bande de gueules.

Supports : *Deux anges.*

Devise : *Melius mori quam inquinari.*

Généalogie de Montdor, mss. 693.

Montechon (de), v. du Gras-Mesnil.

Monteclair (de) ou **Montéclerc** de Courcelles, — de Charné, — de Bourgon, — de Torbechet, — de Montaudin; — dont Joseph, vicaire général d'Angers, grand archidiacre de Saint-Maurice, mort en 1768; André, commandeur de l'île Bouchard, en 1684.

De gueules ou *d'azur au lion d'or armé et lampassé de même* ou *de gueules.*

Devise : *Magnus inter pares.*

Gohory, mss. 972, pp. 27 et 123. — Trincant, mss. 989, p. 15. — Ménage, Iʳᵉ partie, p. 426. — Roger, mss. 995, p. 9. — Audouys, mss. 994, p. 112. — Mss. 995, p. 74. — Gencien, mss. 996, p. 50. — Mss. 703.

Montégu (de), v. de Guyot.

Monteil (de), v. Adhémard.

Montelon (de); — dont un garde des sceaux de France.

D'azur au mouton passant d'argent surmonté de trois roses ou quintefeuilles d'or en chef.

Gohory, mss. 972, p. 123.

Montenegué (François de), vice-roi de Madagascar, mort à Saumur, en 1672.

Montenay (de); dont deux croisés en 1158.

D'or à deux fasces de sable accompagnées de six roses de gueules posées trois, deux et une.

Audouys, mss. 994, p. 121. — Gencien, mss. 996, p. 49, d'après le cartulaire de Monguyon. — Dumoulin, Hist. de Normandie, dit... *fasces d'azur* et *neuf coquilles* au lieu de *six roses.*

Montergon (de), v. de Mergot. — du Pineau. — Mauvif.

Montereau-Clermont (de), v. de Clermont.

Monternault (de), v. Charbonnier. — Lanier.

Montespan (de), v. de Rochechouart-Mortemart.

Montespedon (de) de Chemillé, — de Dinan, — de Chateaubriant, — de Montafilant. — de Bazoges, — de Beaupréau, — de Mortaigne ; — dont René, maréchal de France.

De sable au lion d'hermines armé, couronné et lampassé d'or.

Mss. 703. — Audouys, mss. 994, p. 110. — Le mss. 995, p. 71, Gencien, mss. 996, p. 50, et M. de Courcy, donnent aux Montespedon de Beaupréau… *le lion d'argent…*

Montesquiou-Fezensac (de).

Parti au premier, de gueules ; au deuxième, d'argent à deux besans de gueules.

Devise : *Hinc labor, hinc merces.*

Carré de Busserolle. — Sceau. — La Chesnaie-des-Bois dit : *D'or au lieu d'argent…*

Montesson (de) des Arcis, — de la Roche-Pichemer, — d'Ouillet.

D'argent à trois quintefeuilles d'azur posées deux et une.

Devise : *Rallié au roi.*

Audouys, mss. 994, p. 119. — Gencien, mss. 996, p. 50

Monteuil (de), v. de Caulmont.

Montfaucon, (de), v. Joubert, — Riboullé, — de Vieux, — de Clisson.

Montfermier (de), v. Goullard.

Montferrat (de), v. de Gonzague.

Montfort (de) de Montfort-l'Amaury.

De gueules au lion d'argent la queue fourchée et passée en sautoir.

Mss. 703. — V. d'Aviau.

Montfou (de), v. Laurans.

Montfranc (de), v. Gillet.

Montgeoffroy (de), v. de la Grandière, — de Contades, — de Chateaubriand.

Montgeroul (de); — dont Guillaume, chevalier, sénéchal des Mayenne.

D'or à trois lionceaux de sable.

Audouys, mss. 994, p. 121. — Gencien, mss. 996, p. 49, d'après le cartulaire de la Primaudière en 1241.

Montgommery.

D'azur au lion d'or armé et lampassé d'argent.

Devise : *Garde bien!*

Une branche portait, d'après le mss. 995, p. 83 : *Écartelé aux premier et quatrième de gueules à trois coquilles d'or ; aux deuxième et troisième de France,* et quelquefois les *fleurs de lis sur un champ de gueules.*

Courcelles, Dict. univ. de la noblesse. — Carré de Busserolle, p. 678.

Montguion (de), v. d'Equeny, — de Juigné, — de l'Escheneau, — de Cordon.

Monthéard (de), v. Richer.

Montiebert, (de), v. de Laval.

Montiengouin (de), v. de Ridouët.

Montifray (de), v. Binet.

Montigné (de) ou **Montigny,** v. Joubert, — Ja-
nin, — Baudry, — de Fleurville, — du Fresne, — Pelis-
on, — de la Rivière, — Dolbeau.

Montigny (de).

Burelé d'or et d'azur de huit pièces.

Devise : *Causa latet.*

Gohory, mss. 972, p. 123. — Mss. 703. — Audouys, mss. 994,
. 110. — V. de Pillois. — du Fresne. — de Montigné.

Montil (du), v. Couscher.

Montilliers (de), v. des Hommeaux.

Montilliers (le prieuré de) dépendant de l'abbaye de
'abbaye de Saint-Florent de Saumur.

D'azur à trois montagnes d'or posées deux et une.

D'Hozier, mss., p. 1342.

Mont-Jambert (de). v. Capel.

Mont-Jauger (de), v. d'Andigné.

Montjean (de) de Sillé, — de Cholet, — de Bécon.
— de Briançon, — de la Haute-Roë, — du Lorroux-Botte-
reau, — du Plessis-au-Bœuf, — de la Bellière, — de Chemillé, — de Mortagne, — de la Jumellière, — de Cambourg,
— de Renac ; — dont Roland et Gui, croisés en 1158 ; Jean
et Renauld, sénéchaux d'Anjou, 1352 et 1416 ; Briant, taxé
six écus pour la rançon du roi Jean, en 1360 ; René, chanoine de Saint-Maurice d'Angers, 1502, doyen des Mauges,
1508, mort maréchal de France en 1539, le dernier du nom.

D'or fretté de gueules de huit pièces.

Mss. 703. — Audouys, mss. 994, p. 111. — Gohory, mss. 972,
pp. 48 et 123. — Gencien, mss. 996, p. 49. — Mss. 995, p. 63. —
Gaignières, Armorial, mss., p. 5. — Mss. 993. — Roger, mss.
995, p. 4. dit... *de gueules fretté d'or.* — Gohory, p. 107, ajoute :
un lion issant de gueules sur le chef... — V. de Brissac. — Laval. — de Gondy. — de Cossé.

Monjouffroy (de), v. de la Grandière.

Montlimart (de), v. Clérembault. — Gaultier.

Monmeja de Beauchesne.

*De gueules à trois épées d'argent rangées en pal, la pointe en
bas.*

D'Hozier, mss., p. 215.

Montmorency (de) de Candé, — de Laval, — de
Chateaubriand, — de Gonnord, — de Chantoceaux ; —
dont deux abbesses de Fontevrauld ; Marguerite, morte en
1452 ; Marie, morte en 1457 ; Anne, abbesse du Ronceray
d'Angers, en 1553 ; Pierre, qui donna 50 sols à l'abbaye de
Fontevrauld, vers 1100.

D'or à la croix de gueules cantonnée de seize alérions d'azur.

Devises : *Sicut erat in principio — Dieu aide au premier baron chrétien* ΑΠΛΑΝΩΣ (sans errer). Le cri est la devise.

Gohory, mss. 972. — Audouys, mss. 994, p. 55. — A. Duchesne, *Hist. de la maison de Montmorency*, 1624. in-fol. — Des Ormeaux, id. 1764, 5 vol. in-12. — P. Anselme, t. III. — Audouys, pp. 113, 114 et 122. — Gencien, mss. 996, p. 49. — Mss. 703. — Mss. 995, p. 61. — Les Montmorency de Laval, puînés de la maison, chargeaient la croix de *cinq coquilles d'argent.* Les Montmorency de Gonnord brisaient les armes des aînés par un *lambel de gueules de trois pendants.* — V. de Laval.

Montmorin de Saint-Hérem ; — dont Louise-Claire, abbesse de Fontevrauld, morte en 1765.

De gueules semé de molettes d'argent au lion de même.

Devise : *Aspiciendo crescit (?)*

P. Anselme, t. VIII.

Montmort (de), v. Le Maistre, — Habert.

Montmoutier (de), v. Binet, — de Beaumont.

Montortier (de) de la Rabinnière ; — dont Jacques, lieutenant de la sénéchaussée de Baugé, maire d'Angers, en 1510.

D'or au chevron d'azur accompagné de deux roses de gueules en chef et d'un croissant montant de même en pointe.

Mss. 703. — Audouys, mss. 994, p. 114. — Mss. 993. — Gencien, mss. 996, p. 2. — Gaignières, Armorial, mss., p. 82. — Gohory, mss. 972, p. 146. — V. Gaucher Le Marié.

Montours (de) de Saint-Clémentin, — de Douai, — de la Guimonnière, — de la Boire, — du fief Salmon.

D'or au chef de gueules chargé d'une croix pattée au pied fiché d'argent placé dans le premier canton du chef.

Mss. 995, p. 104. — Audouys, mss. 994. p. 112. — Roger, mss. 995. — Gohory, mss. 972, p. 124. — Gencien, mss. 996, p. 51. — Gaignières, Armorial, mss., p. 49, dit... *la croix pattée d'or.*

Montpipeau, v. de Cluzel.

Montplacé (de) de Jarzé. — de la Motte-Liziard;
— dont un abbé de Saint-Julien de Tours, en 1466 ;

*D'azur à la croix d'or cantonnée de quatre fleurs de lis de
même.*

Ménage, p. 374. — Mss. 439. — Audouys, mss. 994, p. 125.
— Gaignières, Armorial, mss. p. 24. — Roger, mss. 995, p. 12.
Armorial mss. de Dumesnil, p. 17. — D'Hozier, mss., pp. 710 et
713. — Mss. 995, p. 105. — Gencien, mss. 996, p. 51. — Gohory, mss. 972, p. 74. — V. Couscher. — Le Seiller. — Le Va-
cher.

Monpoupon (de), v. de Prie.

Montragier (de), v. de Fouldras, — de Laurencin.

Montrelays (de) de Château-Thibault.

Cotissé d'or et d'azur en bande 'de douze pièces..

Audouys, mss. 994, p. 112. — Gencien, mss. 996, p. 49 et le
Mss. 995, p. 63, disent :

D'or à six coquilles d'azur, posées trois, deux et une.

Montremon (de) v. Le Comendeur.

Montreuil (de), v. Dubois, — Gohin, — de Talvas,
— du Bellay, — de Brunet, — de Berlay, — Mellet.

Montreuil-Bellay (la ville de).

D'azur à une croix d'or cantonnée de quatre besans de même.

D'Hozier, mss. p. 653. — Mss. 703.

Le prieuré de Montreuil-Bellay :

*D'azur à un écusson d'or et un chef d'argent chargés de trois
montagnes de sinople.*

D'Hozier, mss., p. 1340,

Le corps des OFFICIERS DE L'ÉLECTION DE MONTREUIL-BELLAY.

De sinople à une main de justice d'or surmontée d'un œil d'argent.

D'Hozier, mss., p. 1340.

La communauté des PROCUREURS DE L'ÉLECTION DE MONTREUIL-BELLAY.

D'or à une fasce de gueules, chargée de trois écritoires d'argent.

D'Hozier, mss., p. 1342.

Le CHAPITRE DE L'ÉGLISE COLLÉGIALE du château de Montreuil-Bellay :

D'azur à une Notre-Dame d'or posée sur la porte d'une ville au naturel maçonnée de sable.

D'Hozier, mss., p. 320.

Montreuil-sur-Maine (le prieuré de) dépendant de l'abbaye de Saint-Aubin.

D'azur à une fasce d'argent chargée de trois croix de gueules.

D'Hozier, mss., p. 874.

Montrevault (de), v. Bonin, — de Lamoignon, — de Beaumont.

Montrevel (de), v. de la Beraudière.

Montriou (de), v. de Launay, — de Pincé, — Constantin.

Montrivet (de), v. Leroux.

Montsabert (de), v. de Goislard, — Le Maistre.

Mont-Sainte-Marie (du), v. Aux Epaules.

Montsalier (de), v. Aimard.

Montsoreau (de), — dont Henri, taxé deux écus pour la rançon du roi Jean, 1360, entre les nobles de Montrevault; Jean, archevêque de Tours, 1271; Gauthier, chevalier banneret de Touraine, 1213.

D'or à une croix pattée de gueules ou de gueules au griffon d'or.

Carré de Busserolle, p. 682.
V. de Chambes, — de Montberon, — du Bouchet, — Chabot, — de Craon.

Montsoreau (la ville de).

D'or à une croix de gueules et un chef d'azur chargé de trois fleurs de lis d'argent.

D'Hozier, mss., p. 1016.

Montsoreau (le chapitre de Sainte-Croix de).

D'azur semé de fleurs de lis d'argent à un lion de gueules brochant sur le tout, qui est de Chambes.

D'Hozier, mss., p. 1016.

Montzey (de), autrefois de Montzëy, — dont plusieurs magistrats dans les Vosges aux XVIIe et XVIIIe siècles; un protonotaire apostolique en 1788; un général, commandeur de la Légion d'honneur et du Danebrog, chevalier de Saint-Louis et du Phénix d'Hohenlohe; Charles, historiographe de la Flèche, chevalier de la Légion d'honneur, de L'Épée de Suède, de Saint-Grégoire-le-Grand, du Nicham-Iftikar; un capitaine de mobiles, chevalier de la Légion d'honneur, magistrat en 1881, etc.

Coupé au premier d'or à l'aigle éployée de sable, couronnée de même; au deuxième d'argent au renard de sable rampant sur une terrasse buissonnée de sinople.

Sceau. — D. P. (d'après les archives de l'Etat de Naples en 1642). — J. Callot (mss. à Nancy) donne à la famille de Montzey ou Montzay : *d'argent à la bande d'azur chargée de trois quintefeuilles d'or.*

Morain, François, à Montreuil-Bellay.

D'azur à une étoile d'or accostée des deux lettres F. M. capitales de même.

D'Hozier, mss., p. 649.

Morannes (de), v. Aubery, — de Vahaye.

Morant.

D'or à deux loups de sable passant l'un sur l'autre.

D'Hozier, mss., p. 910.

Morant (de) de l'Espinay, — de la Mulantière, — de la Fontaine, — des Grifferayes ; — dont un chevalier de Saint-Louis.

D'azur à trois fasces d'or chargées chacune de trois croisettes de gueules.

Supports : *Deux sauvages armés et appuyés de leur massue.*

Devise : *Impavide.*

Audouys, mss. 994, p. 126. — D'Hozier, p. 86. — Le même, p. 987, donne aux Morant de l'Epinay :
D'azur à trois étoiles d'argent posées deux et une.

M. Port cite une sculpture à l'église de Montigné-les-Rairies portant : *D'azur à trois cygnes d'argent becqués et membrés de gueules posés deux et un.*

Mordoit (de), v. Fontaine.

Mordret de Louvrinnière, — de la Cheverie, — de la Chesnaie, — des Barres.

D'azur à une tête de loup arrachée d'or.

Gohory, mss. 972, p. 14. — Gaignières, Armorial mss., p. 30. — Roger, mss. 995, p. 14. — Mss. 995, p. 102. — Gencien, mss., 996, p. 53. — Audouys, mss. 994, p. 110, dit : *la tête de loup arrachée de gueules...*

Mordret.

D'azur à deux épées d'argent en sautoir.

D'Hozier, mss. p. 1214. — Mss. 993.

Moré (de) de la Lorie.

D'azur à la croix pattée d'argent.

Audouys, mss. 994, p. 126.

Moreau, — dont André, chanoine de Saint-Léonard de Chemillé, en 1698.

D'argent à un lion de gueules et un chef d'azur chargé de trois roses d'or.

D'Hozier, mss. p. 911.

René Moreau, chanoine de Beaupréau, en 1698.

De gueules à une aigle d'argent, becquée et membrée d'or.

D'Hozier, mss., p. 968.

Jacques Moreau, promoteur de l'évêque d'Angers, en 1698.

D'azur à deux lions affrontés d'or.

D'Hozier, mss. p. 971.

Moreau du Grez, — de la Martellière, — de la Roche, — de la Perraudière.

De gueules au chevron d'argent accompagné de trois annelets de même, deux en chef et un en pointe.

Cauvin. — Audouys, mss. 994, pp. 116 et 117. — Gencien, mss. 996, p. 52, dit : *d'argent et le chevron de gueules et trois tourteaux.* La généalogie de Du Mortier dit... *trois roses* au lieu de *trois annelets...*

Moreau de la Morinière.

De gueules à une foi d'or accompagnée de trois roses d'argent, deux en chef et une en pointe.

Mss. 439.

Moreau de la Poissonnière, — de la Coudraie.

D'argent au chevron d'azur accompagné de trois morilles de sable, deux en chef et une en pointe.

D'Hozier, mss., p. 727.

Moreau du Puy-Cadoret, — de la Saulsaye, — de la Berthaudière, — de Mazières ; — dont un chevalier de Malte en 1605.

De gueules à l'épée d'argent garnie d'or, posée en pal la pointe en bas.

Devise : *Contra non val elmo non saudo.*

Ménage, pp. 414 et 507. — Audouys, mss. 994, p. 112. — D'Hozier, mss., p. 326. — Mss. 995, p. 119. — Gencien, mss. 996, p. 52. — La branche établie en Anjou s'est fondue en la maison Pantin de la Hamelinière et Le Gouz.

Morel (de) d'Aubigny, — de Putanges, — de Bonne-Fontaine ; — dont Alexandre-René, chevalier de Malte, en 1682.

D'or au lion de sinople armé, lampassé et couronné d'argent.

Audouys, mss. 994, p. 124. — Mss. 703.

Morel des Landelles.

D'argent à une bande de gueules chargée de trois merlettes d'or.

Audouys, mss. 994, p. 123. — Roger, mss. 995, p. 15. — Gaignières, Armorial, mss., p. 13. — Gohory, mss. 972, p. 30. — Gencien, mss. 996, p. 53. — de Courcy.

Morel de Rochebouet.

D'argent à la bande engrelée de sable.
Audouys, mss. 994, p. 120.

Morelles (de), v. Aubin.

Morellière (de la) de la Buhuignerie.

D'azur à deux fasces d'or, chaque fasce chargée de deux quintefeuilles de gueules et accompagnée de six quintefeuilles d'argent posées trois, deux, une.
Audouys, mss. 994, p. 115. — V. de Charbon, — de Bouillé-Aménard.

Morevau (de), v. Turpin.

Morfontaine.

Emmanché d'argent et de gueules.
Gohory, mss. 972, p. 124.

Moricière (de la), v. Gautret, — Juchault, — Charbonneau, — Boislève.

Morières (des), v. Bouschard.

Morin.

D'azur à une fasce d'argent chargée de trois aigles de gueules et accompagnée de trois étoiles d'or.
D'Hozier, mss. p. 1136. — Gaignières, Armorial, mss., p. 73, donne à une famille Morin les armes suivantes :
Fascé d'or et de sinople de six pièces.

Morin du Chastelier.

Parti d'argent et de sable.

Audouys, mss. 994, p. 123. — Roger, mss. 995, p. 18. —
Gaignières, Armorial, mss., p. 73. — Mss. 995, p. 111. —
Gencien, mss. 996, p. 53. — Gohory, mss. 972, p. 57.

Morin de Pierredame, — de Chambon, — du Haut-Porteau.

Parti contrefascé d'argent et d'azur de huit pièces.

Devise : *Fortis fidelisque simul.*

Carré de Busserolle.

Morin de la Gendrie, — dont René, maire d'Angers en 1584-1585.

D'argent à trois têtes de maure de sable bandées et tortillées d'or.

Mss. 703. — Audouys, mss. 994, p. 114. — D'Hozier,
mss., p. 873. — Mss. 993. — Gencien, mss. 996, p. 5. —
Gohory, mss. 972, p. 155, dit : *Les trois têtes de maure tortillées
d'argent et posées deux et une de profil...*

Morinière (de la), v. Sourdille, — Margaritteau, — de Pouillé, — Le Beau, — Moreau, — de Fay, — de la Genouillerie, — de Rosny.

Morisson de la Foy, — de la Morellerie.

*De sable à deux épées d'or passées en sautoir les pointes en haut,
surmontées au milieu du chef d'une molette d'argent.*

Audouys, mss. 994, p. 116. — Armorial, mss. de Dumesnil,
p. 17. — Le mss. 439 dit : *...les pointes en bas et une molette
d'éperon d'argent en pointe...*

Morlaxe (de la), v. Birague.

Morlet de Betancourt.

D'argent au lion de sable armé de gueules.

Mss. 995, p. 71.

Morlière (de la), v. de Jassault, — de la Rivière.

Morlot (François-Nicolas-Madeleine), cardinal-arche-vêque de Tours, 1843.

D'azur à la croix engrelée d'argent, cantonnée de quatre étoiles à cinq raies d'or.

Carré de Busserolle, p. 688.

Mornay du Plessis-Mornay, — dont Philippe, conseiller d'État, surintendant des maison et couronne de Navarre, gouverneur de Saumur au XVIIᵉ siècle ; Pierre, chancelier de France, évêque d'Orléans et d'Auxerre, mort en 1306 ; Etienne, doyen de Saint-Martin de Tours, chancelier de France, mort en 1332, et Pierre, aussi doyen de Saint-Martin, en 1333 ; Claude, maréchal de camp, en 1789 ; Pierre, conseiller et chambellan du roi, sénéchal de Périgord, Thiercy, Saintonge.

Burelé d'argent et de gueules de huit pièces, au lion morné de sable couronné d'or brochant sur le tout.

Sceau. — Mss. 703. — P. Anselme, t. VI.

Morousière (de la), v. Boislève.

Morrès (de), — dont Nicolas, irlandais, capitaine du château d'Angers, 1681.

D'or à la fasce vivrée de sable accompagnée en pointe d'un lion de même.

Rietstap, Armorial, p. 731.

Mortagne (de) ou de Mortaigne.

D'or à la croix de gueules.

Gohory, mss. 972, p. 124. — Gencien, mss. 996, p. 49. — V. de Montjean, — de Montespedon, — de Montbron.

Mortaing (de), v. Barrault.

Mortdon (de), v. Robin.

Mortelève (de), v. de la Corbière.

Mortemart (de), v. de Rochechouart.

Mortemer (de), v. Taveau.

Morteux (de), v. Trochon.

Morthon (de), v. de Couaisnon.

Mortier (du).

D'argent à un mortier de sable.

D'Hozier, mss., p. 1274. — V. Le Masle. — Simon, — de la Pouèze.

Mortier (du) de la Ruchanière, — des Chateliers, — de la Selinaye, — de Thouvoye, — de Loiré, — de Travaillé, — de Rougé, — de Châteauneuf-du-Pin.

De gueules à une croix pattée et alaisée d'argent qui est Rougé.

Gaignières, Armorial, mss., p. 59. — Audouys, mss. 994, p. 111. — Mss. 703. — D'Hozier, mss., pp. 95 et 140. — Roger, mss. 995. p. 14. — Mss. 439. — Mss. 995, p. 93. — Gencien, mss. 996, p. 52. — Gohory, mss. 972, p. 14. — Armorial, mss. de Dumesnil, p. 14.

Motrier (du) des Mortiers.

D'azur à une bande d'argent chargée de trois merlettes de sable.

Audouys, mss. 994, p. 123. — Roger, mss. 995, p. 20. — Mss. 995, p. 111. — Gencien, mss. 996, p. 53. — Gaignières, Armorial, mss., p. 59.

Mortierclair (de), v. Gervaisaux.

Mortier-Coulée (de), v. du Tertre.

Mortier-Croule (de), v. de Rohan.

Mortiers (des).

De sinople à trois mortiers d'argent posés deux et un.

D'Hozier, mss., p. 1424. — V. Breslay, — de Salles, — Le Gouz, — Le Bouvier, — du Mortier, — Couradin, — de Poncé, — de Bodieu, — Lorière, — du Chasle, — Petrineau.

Mortiers (des) de Parcé.

D'argent à trois papegais de gueules.

Audouys, mss. 994, p. 116. — Gaignières, Armorial, mss., p. 77. — Mss. 995, p. 111. — Gencien, mss. 996, p. 52. — V. Poncé.

Mortraye (de la), v. de Scepeaux.

Mortreux (de), v. Trochon.

Mossé (de), v. de Champagné, — Mocet.

Mostuéjols (de) ou de Mostuéjouls ; — dont un abbé de Saint-Nicolas d'Angers, 1790.

Devise : *Levezouls, d'Estaing, Vesins,*
Haults barons et Mauvoysins,
Mostueljouls et Arpajon,
Forts châteaux et beau renom.

Moté (du), v. Girault, — Denais, — Davy.

Motet (Pierre), curé de Parnay, chanoine de Candes, prieur de Saint-Jean-de-Sauve, mort en 1718.

D'or au chevron de sable accompagné en chef d'une motte de sinople à dextre et d'un coq de gueules à senestre, et en pointe d'un char d'azur sur deux roues de même enflammées de gueules.

D'Hozier, mss., p. 602.

Mothaie (de la), v. de Launay, — Maudet.

Mothais de Villiers.

D'or à deux fasces échiquetées d'argent et d'azur de deux traits chacun.

D'Hozier, mss., p. 1008.

Mothaye (de la), [près Beaufort.]

D'or au chardon béni de trois tiges et trois têtes de sinople.

Gaignières, Armorial, mss., p. 70. — Mss. 995, p. 107. — Gencien, mss. 996, p. 51. — Gohory, mss. 972, p. 89. — Audouys, mss. 994, p. 116. — Le même, p. 125, dit : ...*le chardon fleuri de gueules...*

Mothe (de la).

De gueules au lion d'argent accompagné de trois écussons d'or posés deux et un.

Gaignières, Armorial, mss. 995, p. 29. — V. d'Ingrandes, — de la Motte.

Mothemilon (de la), v. de la Saugère.

Motin de Lairenye.

Crenelé de gueules et d'azur et trois étoiles de gueules.

Mss. 995, p. 123.

Mottaie (de la), v. de la Mothaye, — Maudet, — de Launay.

Mottay (du), v. Davy, — Denais, — Girault.

Motte (de la).

D'azur à trois roses d'or.

Audouys, mss. 994, p. 122. — Gencien, mss. 996, p. 51. — Gohory, mss. 972, p. 118. — Gaignières, Armorial, mss., p. 129, ajoute : *feuillées de sinople.*

D'azur au chevron accompagné de trois étoiles d'argent.
Sceau.

D'argent à la fasce d'or chargée de trois feuilles de lis de gueules.
Sceau.

D'azur à une croix ancrée d'or.

D'Hozier, mss., p. 1003. — V. Le Merle, — Jacquelot, — Marquis, — Benoist, — Bigot, — de Champaigné, — d'Escayeul, — de Ghaisne, — Jallon, — Le Beuf, — Lefebvre, — Le Poulchre, — Lormand, — de Montplacé, — Morel, — Quetier, — de la Roche, — de la Rüe, — de Scepeaux, — de Serin, — Quirit, — de Viguier, — Mabille, — de Boissy, — de la Mothe.

Motte (de la) d'Atis, — de la Bronnière ou Brannière.

D'or au chevron de gueules accompagné en pointe d'une rose de même, et en chef de deux croissants montants d'azur.

Gohory, mss. 972, p. 85. — Audouys, mss. 994, p. 124. — Roger, mss. 995, p. 20. — Gaignières, Armorial, mss., p. 29. — Mss. 439. — Mss. 995, p. 103. — Gencien, mss. 996, p. 51.

Motte (de la) du Breil.

D'argent à quatre fasces de gueules, les deux premières ondées.
Mss. 993.

Motte (de la) de Crouillon.

De gueules à une bande fuselée d'argent.
Audouys, mss. 994, p. 116.

Motte (de la) de Dangé, — de Pouancé, — de la Rivière, — de Serreau (ou Serrant ?)

D'argent au lion de sable.

Mss. 703. — Gohory, mss. 972, p. 118. — Gencien, mss. 996, p. 51. — Gaignières, Armorial, mss., p. 29.

D'argent à trois têtes de loup arrachées de sable posées deux et une lampassées de gueules.

D'argent à trois cannetons sans becs ni pieds au chef de gueules.
Audouys, mss. 994, p. 110.

Motte (de la) de Serrant (ou Serreau ?)

D'argent à trois lions léopardés de gueules posés deux et un.

Audouys, mss. 994, p. 110. — Gaignières, Armorial, mss., p. 29. — Gencien, mss. 996, p. 51. — Gohory, mss. 972, p. 118.

Motte-Angevin (de la), v. Le Royer.

Motte-Baracé (de la), v. Marquis (et à la fin les *addenda* et *errata*).

Motte-Barayer (de la), v. de Lancrau.

Motte-Bonnelaie (de la), v. de Cadelac.

Motte-Cesbron (de la), v. Brillet, — de la Grandière.

Motte-Chauveron (de la), v. Chauveron.

Motte-Cheorcin (de la) des Aunais.

De sable à la fasce d'argent fleuronnée et contre-fleuronnée de six pièces de même.

Roger, mss. 995, p. 10. — Gencien, mss. 996, p. 49., d'après le cartulaire de la Primaudière, cite en 1248 un chevalier de la Motte portant : *d'argent à la fasce fleuronnée et contrefleuronnée de gueules de six pièces*, armes que Gaignières, Armorial, mss., p. 29, et le mss. 703 donnent aux la Motte des Aulnais. — Audouys, mss. 994, p. 122.

Motte-Cormenant (de la), v. des Rotours, — d'Andigné.

Motte (de la).

D'argent à un lion de sable et une fasce fleurdelisée et contre-fleurdelisée d'or, brochant sur le tout, accompagnée de quatre merlettes, cantonnées de sable.

D'Hozier, mss., p. 693.

Motte-Cramaillé (de la), v. de Salles.

Motte-Crouillon (de la), v. de Crouillon.

Motte-d'Ahaire (de la), v. Le Maczon.

Motte-Deat (de la), v. de la Chevallerie.

Motte-de-Bouchant (de la), v. de la Saugère.

Motte-de-Mexé (de la), v. de Daillon.

Motte-d'Orvaulx (de la), — de Cheorcin, — v. Louet, — d'Orvaulx.

Motte-du-Can (de la), v. Le Royer.

Motte-du-Pendu (de la), v. d'Auvé, — Le Male.

Motte-Dusseau (de la), v. Fergon.

Motte-Ferchault (de la).

D'argent à six fermaux de sable posés deux et un.

Gohory, mss. 972, p. 118. — Audouys, mss. 994, p. 110. — Le mss. 703 dit : *D'or au croissant d'azur renfermé dans un trescheur fleuré et contrefleuré de sinople.* — V. de Champagné, — de la Pommeraye.

Motte-Hurel (de la), v. du Serreau.

Motte-Husson (de la), v. de la Duferie.

Motte-Loriay (de la), v. Savary.

Motte-Messemé (de la), v. Le Poulchre.

Motte-Millon (de la), v. Amys.

Motte-Mothereux (de la), v. Haton.

Motte-Orson (de la), v. Rivecourt.

Motterouge (de la), — dont un général de division en 1870.

De sable freté d'or.
Sceau.

Mottes (des), v. Crespin, — de Clefs.

Motte-Souzé (de la), v. d'Acigné.

Motte-Thibergeau (de la), v. de Thibergeau.

Mottier de la Fayette, — de Saint-Romain, — de Wissac, — du Dresnay, — de Saint-Michel, — de Kerauffret, — de Traonevez; — dont Gilbert, maréchal de France † 1463, vainqueur de Baugé en 1421; deux abbesses de Saint-Georges de Rennes de 1617 à 1693; un abbé de Saint-Aubin-des-Bois en 1683 ; et le marquis de la Fayette, lieutenant général † en 1834.

De gueules à une bande d'or à la bordure de contrevair.
Mss. 995, p. 76. — P. de Courcy.

Mouettault (de) de la Pagottière.

D'argent à trois hures de sanglier arrachées de sable posées deux et une.

Mss. 439.

Moui (de) de la Meilleraie.

De gueules fretté d'or.

Mss. 995, p. 71. — V. de Mouy.

Mouilbert (de), — dont plusieurs magistrats et officiers.

D'argent à la fasce de gueules accompagnée de trois roses de même deux et une.

Devise : *Armis protegam.*

Sceau ancien.

Moulines (de), v. Dureyl.

Moulinet (du) ou des Moulinets, v. Chazé, — Patry.

Moulin-Fort (de), v. de Houdan.

Moulins (Ernault de) de la Daumerie, — de Charost, — de la Braudière, — de Vaufoulon.

(Voir ci-dessus, tome ii, p. 70, où le nom de Moulins, porté depuis 1674 par la famille Ernault, avait été omis).

Moulins (des), v. Aubineau, — Chivré, — de Martigné, — Hamelin, — de Montalais, — Bahourd.

Moulins (des) de Corzé.

D'azur au lion coupé d'or et de gueules, armé, lampassé et couronné d'or.

Audouys, mss. 994, p. 122. — Mss. 995, pp. 81 et 89. — Gencien, mss. 996, p. 51.

Moulin-Neuf (du), v. de la Haye.

Moulins-Neufs (des), v. Le Blanc.

Moulins-Rochefort (de) de la Roche-de-Gennes,
— de Breuil, — de Seuilly, — de Maupancé, — de la Neufville, — du Temple, — de Chamerolles, — de Repautin, — d'Archanger, — de Muide, — du Quartier, — du Courtilz, — du Grois, — de la Roussière, — de Champaigne, — de la Haudumière, — du Mons, — de Vaurobert, — de Villedy, — de la Jacquetière, — de la Barrerie, — de Villeseur, — de la Salle, — du Petit-Villejouars, — de Villiers Saint-Orgen, — de la Tremelière, — du Vivier, — de Cernay, — de Lesquillery, — de Guyet, — de la Roche, — de la Gourbaudière, — de Rilly, — de Villemont, — de Mousteul, — de Villelouet, — de la Barre, — de la Pigeonnière, — de la Jattais, — de la Cailletière, — de Térouane, — de la Hauteroche, — des Bordes, — du Coudray, — de la Grande-Maison, — de la Ferté, — de Maulévrier, — de la Turpinière, — du Bois-la-Barbe, — de Parigny, — des Greslères, — de Chailles, — de Villeneuve-en-Poitou, — de Beaulieu, — de Glandé, — de Damiette, — de l'Ouvrardière, — de la Vineuse, — de Brizay ; — dont Jean, bâtard de Bourbon, lieutenant du duc de Bourbon pour le Bourbonnais et le Forez en 1370 ; — Jean, secrétaire du roi en 1464 et maire de Poitiers ; — François, grand aumônier

de France ; des officiers dans les armées de terre et de mer.

D'argent à trois anilles de sable posées deux et une.

La Chesnaie des Bois. — Cauvain. — Biblioth, nat. (Mss. de 158 ff. relatifs au Bourbonnais et au Forez, ayant appartenu au cardinal Mazarin et dont copie collectionnée appartient à M. Bernard de la Frégeollière). — P. Anselme, t. VIII, p. 253. — Nouvelle Gaule chrétienne, VIII, p. 1536, et II, p 968. — Beauchet-Filleau. — Ordon. de Bouville, intendant d'Orléans, 1702, et de Chauvelin, intendant général à Tours, 1715. — D. P. — D'après une note de M. de la Frégeollière, la famille de Moulins-Rochefort, éteinte il y a quelques années en la personne de la comtesse Bernard de la Frégeolière, portait les armes de la ville de Moulins, *avec une fleur de lis de sable en cœur.*

Moulins-Vieux (des).

D'argent à l'écureuil de gueules.

Audouys, mss. 994, p. 122. — V. Gibot, — de Scepeaux, — Le Blanc.

Mouère (de la), v. de Champagné, — de Vrigné.

Moissonnière (de la), v. des Hommeaux.

Moussac (de), v. Augier.

Moussi (de), v. de Quatrebarbes, — Barjot.

Moutier (du) de Thuré.

D'argent au chevron de gueules accompagné de trois annelets de même, deux en chef et un en pointe.

Mss. 439.

Mouys (de) de la Garochère.

D'or au sautoir de gueules cantonné de quatre merlettes de même.

Gohory, mss. 172, p. 124. — V. de Moui.

Moyré (de), v. de la Roë.

Moysand (de) de Chevigné, — de la Ragottière, — de la Pentière-Léon, — de la Touche-Cadu.

D'argent à la bande de gueules chargée de trois aiglons d'or.
Audouys, mss. 994, p. 126. — V. Moisand.

Mozé (de) du Mesnil, v. Le Gay, — Girault.

Muce (de la).

D'azur à neuf besans d'argent posés trois, trois et trois.
Carré de Busserolle, p. 698. — V. de la Musse, — Bonfils.

Mulantière (de la), v. de Morant.

Mullet de la Sauvagère, — de la Girousière, — de la Picherie, — de Bouzillé ; — dont Robert, sénéchal d'Anjou et du Maine, et B..., conseiller au Parlement de Paris en 1344.

D'azur à six grains d'orge d'or posés trois, deux et un.
Mss. 703. — Audouys, mss. 994, pp. 125 et 115. — D'Hozier, mss., pp. 133 et 155. — Armorial, mss. de Dumesnil, p. 17. — Gencien, mss. 996, p. 53, et le mss. 439 disent : ...*six grains d'orge ou losanges d'or mis en sautoir...*

Mur (du) de Blandouet, — de la Varenne.

D'argent à trois hures de sanglier de sable éclairées de gueules.
Armorial, mss. de Dumesnil, p. 17.

Ecartelé aux un et quatre d'argent à deux fasces de sable, à trois tourteaux de même rangés en chef, aux deux et trois d'azur à trois hures de sanglier d'or, clarinées de gueules.
Audouys, mss. 994, p. 123. — Roger, mss. 995, p. 17. — Gencien, mss. 996, p. 24. — Gohory, mss. 972, p. 40, dit : *les trois hures de sanglier d'or clarinées de même.*

Murce (de), v. Cornuau.

Mur-Duval (du), v. Gain.

Mure (de la).

D'azur à neuf besans d'argent posés trois, trois, trois.

Sceau. — V. d'Escuillé.

Murs (de), v. Gencien, — Bourreau, — de Quatre-barbes, — de Quelen, — Baudart.

Museau ou Musseau de la Petite-Ville.

D'azur à la croix pattée d'argent.

Roger, mss. 995, pp. 14 et 17. — Gaignières, Armorial, mss., p. 20. — Audouys, mss. 994, pp. 122 et 125. — Gencien, mss. 996, p. 52. — Gohory, mss. 972, pp. 81 et 51.

Musse (de la).

D'argent à une croix de sable cantonnée de quatre coquilles de même.

Roger, mss. 995, p. 19. — Gohory, mss. 972, p. 63. — Audouys, mss. 994, p. 124. — Mss. 995, p. 110. — Gencien, mss. 996, p. 52. — V. Chauvin, — Vinet, — Le Gascouin.

Musseau, v. Museau.

Mussidan.

D'argent au chef emmanché de quatre pièces d'azur.

Mss. 995, p. 69.

Myothière (de la), v. Erreau.

N

Naillac (de) de Chollet ; — dont un grand'maître de l'ordre de Saint-Jean-de-Jérusalem en 1396 ; Hélion, commandant de Fretay, en 1424 ; François, sénéchal de Basse-Marche, en 1558.

D'azur à deux lions léopardés d'argent l'un sur l'autre.
Mss. 703.

Namur (de).

D'or au lion de sable au bâton de gueules.
Mss. 995, p. 76.

Nancré (de), v. Gain, — Dreux.

Nanteuil (de), v. de Schomberg.

Nantilly (de), v. Cabaret.

Naples (rois de) issus de la première branche d'Anjou-Sicile ; — v. Anjou.

Napvril (de), v. Belot.

Narbonne (de).

De gueules.
Mss. 995, p. 61. — V. Cointard.

Narcé (de), v. d'Estampes, — Bernard, — Aveline, de Joybert.

Nassau (de) de Sarbruck, — princes d'Orange.

D'azur semé de billettes d'or, au lion couronné et lampassé d'or brochant sur le tout, qui est des anciens comtes de Bourgogne.

Mss. 995, p. 56. — Les mss. 999 et 1001 donnent à Jean, comte de Nassau, et de Sarbruck, chevalier du Croissant en 1448 : *écartelé aux un et quatre* comme ci-dessus ; *aux deux et trois de sinople semé de croisettes d'argent au lion de même couronné de gueules et lampassé d'or, brochant sur le tout,* qui est de Sarbruck.

Nau, v. Neau.

Nauve (de la), — dont Raymond, abbé d'Asnière-Bellay, 1628-1633.

De gueules au navire équipé et habillé d'argent surmonté de trois étoiles d'or.

Armorial de Rietstap, p. 748.

Navonne (de), v. Giffart.

Neau de Cordais, — de Lestang, — de la Crochinière, — du Ruau, — de l'Hermitage, — du Martinet, — de Vaugelé, — de Vernoil, — de la Guittière, — de Greneteau, — de la Grulinière, — du Perray ; — dont Abraham, maréchal des logis de la maison du roi Henri IV, annobli au XVIᵉ siècle.

De gueules à la gerbe d'or liée de... accompagnée ou soutenue de deux lions affrontés d'or, au chef de gueules.

Audouys, mss. 994, p. 128. — L'Armorial, mss. de Dumesnil, p. 17, le mss. 439, Busserolle et d'Hozier, mss., pp. 115 et 132, disent : *...la gerbe surmontée d'un croissant montant d'argent...* — Audouys dit que les seigneurs de Lestang, cadets de la maison, ne portaient pas le chef.

Negron (Pierre de), commis ès-exemption de Touraine, Anjou, Maine et Poitou, 1384.

De ... à deux lions passant de...

D'argent à deux chevrons de gueules.

Carré de Busserolle. — V. d'Avagnolles, — du Pont.

Neigrier (François), chapelain de la Chapelle-des-Rutaux, en 1698.

D'or à trois têtes de maure de sable tortillées d'argent posées deux et une.

D'Hozier, mss., p. 513.

Nepveu.

D'azur à trois cygnes d'argent accolés d'une couronne d'or.

Mss. 993.

Nepveu des Arcis, — de Charnay, — des Clavières, — de Rabitau, — de Bois-Rousseau, — de Beauvais, — de la Perrière, — de Launay-Péan, — de Maillé.

D'azur à trois pommes de pin d'argent posées deux et une, les pointes en bas.

Audouys, mss. 994, p. 127. — Mss. 703.

Nepveu d'Urbé, — de Pouancé, — de Bellefille, — de la Manouillère, — de Neuvillette, — de Rouillon, — de Gaigné, — de la Hamardière; — dont Thomas, maire d'Angers, en 1628-1629; plusieurs conseillers au Parlement de Bretagne; Pierre, sénéchal de Sablé, en 1360; René-Pierre, chanoine du Mans, XVIIIᵉ siècle, auteur de

Mémoires locaux publiés en 1877 par M. l'abbé Gustave Esnault.

D'azur à trois besans d'or chargés chacun d'une croix de Malte de gueules.

Gaignières, Armorial, mss., p. 90. — Audouys, mss. 994, p. 127. — Mss. 439. — D'Hozier, mss., p. 723, dit : *de gueules à trois besans d'argent et chacun une croix pattée de sable et remplie d'or.* — Gencien, mss. 996, p. 17, le mss. 993 et Gohory, mss. 972, p. 161, disent aussi : *D'azur à trois anneaux d'or remplis chacun d'une croisette de même.* — V. Neveu.

Nepveu de Jousselin.

De gueules à une barre d'argent accompagnée de deux étoiles de même, une en chef et l'autre en pointe.

D'Hozier, mss., p. 1259.

Nepveu de la Mocellerie, — de la Montallerie.

D'or à deux fasces de gueules.

Mss. 439. — V. Neveu.

Nepveu (Georges), libraire à Angers, xvie siècle, portait pour marque :

Un dauphin nageant à fleur d'eau dans un ovale.

Devise : Σιγα λαθε και αριστει (*Se taire, se cacher et bien faire*).

Nerbonne (de), v. Aubin.

Nery (de), v. Clausse.

Nesle, (de), v. Laval.

Netrise (de).

D'argent à l'écu de gueules en abîme.

Audouys, mss. 994, p. 128. — Gencien, mss. 996, p. 34.

Nétumières (des), v. Hay.

Neufbourg (de).

D'or à cinq massues de sable.
Mss. 995, p. 76. — V. de Maulévrier.

Neuchèse (de) ou de Nucheze de Baudiment, — de Sourches, — de Thorigné; — dont François, chevalier de Malte, en 1656, commandeur de Guéliant et de l'Epine.

De gueules à neuf molettes d'éperon d'argent posées trois, trois et trois.
Sceau.
De sable à une chaise d'argent.
D'Hozier, mss., p. 1384.

Neufville (de) de Villerois, — de Pouancé; — dont deux maréchaux de France, deux ministres d'Etat, des chevaliers du Saint-Esprit, deux archevêques de Lyon, un évêque de Chartres.

D'azur au chevron d'or accompagné de trois croix ancrées de même, deux en chef et une en pointe.
Supports : *Deux chevaux.*
Audouys, mss. 994, p. 127. — Mss. 993.

Neufville (de), v. d'Avaugour, — Poisson, — Payneau, — de Villeprouvée, — Richer, — de Goddes, de Neuville.

Neuilly (de), v. de la Rochefoucault, — de Saint-Phalle.

Neuville (de), v. de Tinténiac, — de Villeprouvée, — Poisson, — Neufville.

Neuvillette (de), v. Nepveu.

Neuvy (de), v. d'Armilly, — Girois.

Nevers (les comtes de), ancêtres des ducs de Bourgogne.

Anciennes armes : *De France à la bordure eomponée d'argent et de gueules.*

Mss. 995, p. 56. — Ils portaient aussi : *D'azur semé de brillettes d'or, au lion d'or armé et lampassé de gueules.*

Neveu.

D'argent à trois fasces de sable.

D'Hozier, mss., p. 922. — V. Nepveu.

Neveu de Champrel.

D'azur à deux épées d'argent passées en sautoir ayant leurs gardes et poignées d'or, les pointes en haut ; au chef de gueules chargé de trois besans aussi d'or.

D. P. (Titre du 13 mai 1772 et signé d'Hozier de Serigny.)

Neveu (de) du Plessis-Dorin.

D'azur à une fleur de lis d'or en chef et un lion d'argent en pointe.

Mss. 993.

Nevouère (de la), v. Erreau.

Nicolas.

D'azur à une croix d'argent cantonnée de quatre trèfles de même.

D'Hozier, mss., p. 1133.

Nicolas de la Fardellière, — de Gourbellons.

D'or au lion de sable armé, couronné et lampassé de gueules, au chef de sable.

Audouys, mss. 994, p. 127.

Nicollon.

Echiqueté d'argent et d'azur.

D'Hozier, mss., p. 870.

Nicollon de Chanzé ; — dont Mathurin, conseiller du roi, assesseur en l'Hôtel de Ville d'Angers, en 1696.

Losangé d'or et d'azur à un chef d'argent chargé de trois mouchetures d'hermines de sable.

D'Hozier, mss., p. 81.

Nieble (de), v. du Perray.

Nigelle (de), v. de Viguier.

Nimes (de), v. Cohon.

Nitray (de), v. Loppin.

Nivard ; — dont Germain, botaniste, jurisconsulte, écrivain angevin, mort en 1692, et Jean-Baptiste, curé de Morannes, en 1700.

D'azur à un niveau d'argent.

D'Hozier, mss., p. 1385.

Nizon ; — dont François, curé de Jumelles, 1672-1709.

D'argent à un chevron de gueules accompagné de trois roses de même, deux en chef et une en pointe.

D'Hozier, mss., p. 309.

Noë (de la), v. de la Noue, — d'Ogeron, — Richaudeau, — Colin.

Nogaret de la Valette, — d'Epernon.

Parti d'argent au noyer de sinople, qui est de Nogaret ; parti de gueules à la croix d'or, au chef de gueules à la croix d'argent; sur le tout d'azur à la cloche d'argent.

Mss. 995, p. 65.

Nogent (de).

De sable à une fleur de lis d'argent.
Audouys, mss. 994, p. 128. — Gencien, mss. 996, p. 54.
De gueules au chevron d'argent.
Sceau. — V. Bautru, — de Dampierre.

Noirblanches (des), v. Doysseau.

Noiré (de), v. Bouin.

Noireterre (de), v. Giffart.

Noirieux (de), v. de Couaisnon, — Boylesve, — de Pincé.

Noirmoutier (de), v. de la Trémouille.

Nombreuil (de), v. de Lingrée, — de la Marqueraie.

Nomelet de Bussardière.

D'azur à une fasce danchée d'argent, traversée d'une bande de sinople.

Audouys, mss. 994, p. 128.

Normand du Hardas.

D'argent à une croix ancrée d'azur.

D'Hozier, mss., p. 925. — Audouys, mss. 994, p. 127. — V. de la Roche—Normand.

Noucré (de), v. de Vrigné.

Noüe (de la).

De sable à six besans d'argent posés trois, deux et un.

Gencien, mss. 996, p. 68.

Echiqueté d'argent et d'azur au chef de gueules.

Mss. 995, p. 72. — Gencien, mss. 996, p. 54. — Audouys, mss. 994, p. 128. — V. du Pont, — Le Porc, — De Cherité, — Chaperon, — Bouet, — Maunoir, — Richaudeau, — Collin.

Noüe-Briort (de la).

D'azur à la croix d'argent cantonnée de quatre gerbes d'or.

Audouys, mss. 994, p. 128. — Mss. 995, p. 92. — Gencien, mss. 996, p. 54.

Noue-Roquet (de la), v. de la Tribouille.

Noues (des).

De gueules à une aigle éployée et couronnée de... accompagnée de deux poyets ou colonnes de...

Sceau xviii° siècle. — V. de Gazeau. — Payneau.

Nouet (Anne), prieur du Lyon-d'Angers, 1608-1707.

D'azur à un chevron d'argent accompagné de trois grappes de raisin d'or, deux en chef et une en pointe.

D'Hozier, mss., p. 497.

Nouettes (des), v. Chauvel.

Noulis (des), v. Haton, — Vauboisseau, — de Saint-Georges, — Petrineau.

Nouillière (de la), v. des Bans.

Nouillon (de), v. de la Roussardière.

Nourière (de la), v. de Torchart.

Noyant (de), v. de la Barre, — Colasseau, — Le Clerc.

Noyer.

D'argent à une croix engrelée de sable.
D'Hozier, mss., p. 1210.

Noyers (des).

D'azur à un chevron d'or accompagné en chef d'un vol et en pointe d'un demi-vol de même.
D'Hozier, mss., p. 320. — V. de la Chapelle, — Chevrier, — de Cornillau, — des Romans, — de Serin.

Noyers-Aménard (des), v. de Daillon.

Noyers-d'Ourceau (des), v. d'Ourceau.

Nuchèse (de), v. de Neuchèse.

Nueil (de), v. de Racapé, — de Pierres.

Nueil-sous-Faye (de), v. de Chezelles.

Nuillé (de) ou Nuilly, v. de Sarcé, — du Perray, — de Chazé.

Nyoiseau (de), v. Chaperon.

FIN DU TOME SECOND.

O

Octavio (d'), v. Farnèse.

Octeville (d'), v. Ruel.

Odart de Rilly, — de Parigny, — de Chemans, — de Champ-d'Oiseau, — de Mons, — de Verrières, — de Cursay, — de Bernezay, — de Veniez, — de Maulevrier, — de la Fuye de Marigny, — de Vauguérin ; — dont Aimery, l'un des fondateurs de l'abbaye de Fontevrault, qui donne à Robert d'Arbrissel la dîme des loges, 1103 ; Aimery, précepteur de l'ordre du Temple, fit les croisades avec saint Louis, 1270 ; Hugues, évêque d'Angers, 1314-1319, qui baptisa le fils de France, le roi Jean ; Guillaume, chambellan du roi René d'Anjou ; François, qui fut pris avec le roi René d'Anjou à la bataille de Bulgnéville ; des grands officiers de la Couronne, des gouverneurs de villes et de châteaux, des capitaines des Gardes, etc.

D'or à la croix de gueules, chargée de cinq coquilles d'argent.

Supports : *Deux lions.*

Cimier : *Une tête d'aigle issante d'un vol banneret.*

Devise : *Diex el volt.*

Salles des Croisades de Versailles. — Lainé, Arch. de la noblesse. — Roger, Armorial des Croisades. — Jean Odart, chambellan du roi Charles VII, portait en brisure *un lion au premier canton de la croix.* — Tit. scellés, vol. 82. — Jean, chambellan du roi Philippe de Valois, 1337, brisait ses armes *d'un lambel à sept ou huit pendants en chef.* — Tit. Scellés, vol. 82. — Jacques Odart, grand pannetier et grand fauconnier de France, écuyer de la reine Marie d'Anjou, portait armes pleines,

— P. Anselme, t. VIII. — Château de Cursay. — Gaignières, dessin du tombeau d'Hugues à Saint-Maurice. Tit. CLXIV, p. 123, et recueil d'Oxford, t. VII, p. 61. — D. P.

La branche aînée écartèle ses armes avec celles d'Oysonville.

Odart de Vervières, — de Cursay, — de Parigny ; — dont Hugues, évêque d'Angers en 1317-1323 ; Guillaume, trésorier de l'église d'Angers en 1306 ; un juge d'Anjou, † en 1113.

D'or à la croix de gueules.

Les cadets de cette maison *brisèrent la croix de cinq coquilles d'argent.*

Audouys, mss. 994, p. 130, 129. — Hist. de Sablé, p. 274. — Mss. 703. — Lehoreau Dufresne, n° 9. — Balain, mss. 867, p. 323. — De Livonnières, n° 8.

Odespung (d') de la Meschinière ; — dont Louis, agent du clergé de France, de la province ecclésiastique en 1630, fils de Pierre, maître des requêtes, conseiller ordinaire du duc d'Orléans.

D'or à la croix d'azur engrelée de sable, accompagnée au premier canton d'un croissant de sable.

Audouys, mss. 994, p. 129. — Mss. 439. — Armorial, mss. de Dumesnil, p. 17.

Ogarot de la Roche, — de Daillon, — de Ponceau.

De gueules à trois fasces ondées d'hermines.

Mss. 995, p. 46.

Oger ou Ogier de la Houssardière, — de la Gue-roullière, — de Beauvais.

D'argent au chevron d'azur accompagné de trois trèfles de même posés deux et un.

Audouys, mss. 994, p. 129. — Gaignières, Armorial, mss., p. 23. — Roger, mss. 995, p. 17. — Gencien, mss. 996., p. 54. — Audouys, mss. 994, p. 129, dit... *trois étoiles au lieu de trois trèfles...* — V. Ogier.

Ogier de Beauvais sur le Loir.

D'argent à trois trèfles de sable.
Sceau.

Ogerie (de l'), v. Bodin.

Ogeron.

Parti de gueules à trois losanges posés deux et un et un cor d'argent en cœur, d'argent à trois porcs-épics couronnés de sable.
Mss. 993.

Ogeron du Ligron.

D'azur à un cor de chasse d'or attaché de gueules, accompagné de trois macles d'argent.
Sceau.

Ogeron de la Bouère, — du Grolay, — de la Noë.

D'argent à une aigle éployée de gueules, becquée et membrée d'or, à une fasce d'or brochante sur le tout, chargée de trois merlettes de sable.

Gohory, mss. 972, p. 56. — Audouys, mss. 994, p. 129, 64. — Gaignières, Armorial, mss., p. 24. — Mss. 995, p. 98. — Gencien, mss. 996, p. 34. — Roger, mss. 996, p. 18, dit... *la fasce de gueules...*

Ogier (Pierre), curé de Rablay, 1670-1703.

D'or à un rocher de sinople mouvant de la pointe, accompagné en chef d'une étoile d'azur à dextre, et d'un hérisson de sable à senestre.

D'Hozier, mss., p. 515. — V. Oger.

Oiré (d'), v. Chaubry.

Oiselinnière (de l'), v. de Prezeau.

Oiselliére (de l'), v. de Coublant.

Oisemont (d'), v. Dreux.

Oisillière (de l'), v. Bedé.

Oison (de l'), v. Goupilleau.

Oissonville (d'), v. d'Allonville.

Olbeau (d') de la Faye.

D'azur au chevron d'argent accompagné de trois trèfles d'or.

Gaignières, Armorial, mss., p. 11. Gohory, mss. 972, p. 61. — Le même, p. 57, dit : *D'azur à trois crousilles d'argent, et un croissant de même en pointe.*

Olivet (d'), v. Amys, — de Sevigné.

Olivier ; — dont Jean, évêque d'Angers, en 1535, † en 1540.

D'azur à six tourteaux ou besans d'or posés trois, deux et un; au chef d'argent, chargé d'un lion issant de sable, armé et lampassé de gueules.

J. Ballain, mss. 867, p. 412. — Sculpt. xvie siècle, château d'Eventard. — Lehoreau Dufresne, n° 16. — Mss. 993. — Le mss. 703 donne les armes suivantes : *D'azur à cinq besans d'or;* et un dessin de Gaignières à Oxford, t. I, pp. 193, 194, 195, 196, d'après un tombeau aux Jacobins d'Angers et à St-Maurice, donne à l'évêque d'Angers pour devise : *Spes mea Deus a juventute mea.*

Ollivier.

D'argent à un olivier planté de sinople.

Carré de Busserolle.

D'argent à un lion passant de gueules.

D'Hozier, mss., p. 984.

D'argent à une croix raccourcie de sable.

Audouys, mss. 994, p. 130.

D'azur à deux branches d'olivier passées en sautoir d'or.

D'Hozier, mss., p. 1427. — Le même, p. 1257, ne donne...
qu'une branche d'olivier d'or...

Ollivier des Fontaines.

De sinople à un cygne d'argent, becqué et membré d'or.

D'Hozier, mss., p. 1003

Ombresai (de l'), v. de Couhé.

Ommeaux (des), v. de Bouvery, — des Hommeaux.

Onglée (de l'), v. de la Haye, — de Dampierre.

Onz-en-Bray (de Beaumont d').

Gironné d'argent et de gueules.

P. Anselme, Hist. généalog. de la maison de France, tome VI,
p. 659.

Orain.

Fascé d'argent et de gueules de six pièces.

D'Hozier, mss., p. 1193.

Orange (d')

D'or au cor ou huchet d'azur lié de gueules.

Mss. 995, p. 56.

Orange (d') de Beaufort, — du Guesclin, — du Plessis-Bertrand.

D'argent parti de gueules au croissant parti de l'un en l'autre.

Généalogie, mss. de Quatrebarbes. — Mss. 995, p. 61. — V. de Nassau.

Orange (d') de la Feuillée, — de la Courbe, — de Linnière, — de Princé.

Palé d'argent et de gueules de six pièces à la bordure de sable chargée de huit oranges d'or.

Audouys, mss. 994, p. 129. — Mss. 993. — Mss. d'Orléans. — Gencien, mss. 996, p. 54, dit : *Cinq besans d'argent au lieu de huit oranges d'or...*

Orchère (de l').

D'argent à trois fasces de sinople.

Audouys, mss. 994, p. 107. — V. de Pontlevoy. — Rousseau. — Sanson.

Orcy (d'), v. Chateau.

Orfeuille (d'), v. Rouillé.

Orignac ou Origny (François d'), abbé de Saint-Serge, 1466-1483.

Écartelé aux premier et quatrième de gueules, aux deuxième et troisième de... à une main de...

Gaignières, portefeuille d'Oxford, d'après le tombeau dans l'église Saint-Serge. — Un sceau dit *écartelé aux premier et quatrième de gueules à une main d'argent posée en pal, aux deuxième et troisième d'or à deux fasces de gueules.*

Sceau. — V. d'Origny.

Origny (d') ; — dont un abbé de Saint-Serge.

Écartelé aux premier et quatrième d'or à trois bandes de gueules, aux deuxième et troisième de gueules à la main droite d'argent.

Support : Un ange supportant l'écu des deux mains, le tenant sur son estomac.

Audouys, mss. 994, p. 67. — Gencien, mss. 996, p. 34. — Gohory, mss. 972, p. 129. — V. d'Orignac.

Orillé (d') de la Hardière.

D'or au chef d'azur.

Audouys, mss. 994, p. 129. — Gohory, mss. 972, p. 68. — Roger, mss. 995, p. 19. — Gaignières, Armorial, mss., p. 8. — Mss. 995, p. 108. — Gencien, mss. 996, p. 54.

Orléans (d') de Longueville ; dont Antoinette, coadjutrice de Fontevraud en 1604, fondatrice des Calvairiennes en 1617.

De France au lambel de trois pendants d'argent à un croissant de même sous le second pendant et un bâton d'argent péri en bande.

P. Anselme. — Sceau.

Orléans (Anne d'), abbesse de Fontevraud † en 1491.

Fascé d'argent et de gueules de six pièces.

Gohory, mss. 972, p. 115.

Orléans (François Ier d'), comte de Dunois et de Longueville, lieutenant général pour le roi en Touraine, Anjou et Maine, 1474.

Écartelé aux premier et quatrième de France au lambel d'argent à la cotice de même périe en bande ; au deuxième d'or à l'aigle de gueules membrée d'azur ; au troisième burelé d'argent et d'azur au bâton de gueules brochant sur le tout.

Carré de Busserolle, p. 719. — Cauvin, p. 173.

Orme (de l') de Froidefond.

D'argent à l'aigle éployée de... becquée et membrée de gueules.

Audouys, mss. 994, p. 129. — Gohory, mss. 972, p. 11. — Roger, mss., 995, p. 8. — Gencien, mss. 996, p. 47. — V. de Lhorme. — Delorme.

Ormes (des).

D'argent à trois ormes de sinople.

D'Hozier, mss., p. 1256.

Ormeaux (des), v. Petitjean.

Orneyson (d'), v. Terrail.

Orrillonnière (de l'), v. Cotereau.

Orsay (d'), v. de la Beraudière.

Orsigni (d'), v. Merault.

Orta (d').

Parti d'argent au sautoir de gueules ; parti de Mayenne qui est de gueules à six écussons d'or posés trois, deux, un.

Gencien, mss. 996, p. 33, d'après le Cartul. de Montguion en 1220.

Orthion.

D'argent à une croix de gueules.

D'Hozier. mss., p. 871.

Orthon (d'), v. de Martigné.

Orval (d').

Écartelé aux premier et quatrième d'argent à deux fasces de gueules; aux deuxième et troisième de gueules à la croix pattée d'argent.

Gencien, mss. 996, p. 34. — Mss. 995, p. 60. — V. de Champchevrier.

Orvaulx (d').

De sable à trois bandes d'or.

D'Hozier, mss., p. 119. — V. Turpin, — Champiré, — Allaneau.

Orvaulx (d') de Champiré, — du Feil, — des Jonchères, — de la Beuvrière, — de la Motte, — du Claireau, — de la Perrière, — des Essarts, — de la Rivière, — de la Bennerie, — de Loiré; — dont François, ligueur en 1592; Léonord-Louis-Alphonse, chevalier de Malte en 1689.

De sable à la bande d'argent accompagnée de deux cotices d'or.

Audouys, mss. 994, p. 129 — Armorial, mss. de Dumesnil, p. 17. — Roger, mss. 995, p. 8. — Gaignières, Armorial, mss., p. 13. — Mss. 995, p. 87. — Gencien, mss. 996, p. 54. — Gohory, mss. 972, p. 10. — Audouys, mss. 994, p. 62, et le mss. 995, p. 115, ajoutent *un lambel de trois pendants de même à une branche d'orvaulx.*

Orvoire (de l'), v. Le Roux.

Osmont (Jean-Baptiste), directeur général des Aides et autres affaires du roi dans les élections de Saumur et de Montreuil-Bellay, chargé du recouvrement des armoiries en 1696.

De gueules à une montagne à dix coupeaux d'or dans une mer ou rivière d'argent ondée d'azur et un chef cousu d'argent chargé d'un croissant d'argent accosté de deux coquilles de Saint-Jacques d'or.

D'Hozier, mss., p. 182.

Ossandière (de l'); — dont Martin, abbé de Saint-Maur, 1729.

D'or à sept losanges de gueules posés quatre et trois.

D'Hozier, mss., p. 1034. — V. de Lossendière.

D'argent à une bande de gueules chargée de trois têtes de licornes d'or.

D'Hozier, mss., p. 1002.

Ostange (de l').

D'argent au lion de gueules, armé, lampassé et couronné d'azur, accompagné de cinq étoiles de gueules mises en orle.

Versailles, salle des Croisades.

Ouairé (d'), v. Chaubry.

Oucheraie (de l'), v. du Chesne.

Oudars, v. Odart.

Oudet.

De gueules à deux léopards d'or l'un sur l'autre.

D'Hozier, mss., p. 137.

Oudin.

D'or à un lion passant de gueules.

D'Hozier, mss., p. 890.

Ouille (d'), v. Dupont.

Ouillet (d'), v. de Montesson.

Oupière (de l'), v. Bois-Huguet.

Ourceau de Montaigu, — des Noyers-Ourceau, — de Chalonnes ; — dont Jean, chevalier en 1318.

D'argent à la fasce crénelée de gueules de trois pièces, accompagnée de six coquilles de sable trois en chef et trois en pointe.

Audouys, mss. 994, p. 129. — Mss. 703.

Ouselière (de l'), v. Cador.

Ouvillonnière (de l'), v. Joubert.

Ouvray (de l'), v. d'Angenes.

Ouvrinnière (de l'), v. Mordret, — de Bans.

Ouzil (de l'), v. Lenfant, — de l'Espine, — Avril.

Oyron (d'), v. Fournier.

Oysonville (d'), v. du Pont, — d'Aubevoie.

Ozouville (d') du Parc, — de Bellefontaine.

De gueules à la pile d'argent accompagnée de six losanges d'argent, trois à dextre, trois à senestre.

Sceau.

P

Pabot.

D'azur à six besans d'or posés trois, deux, un.
D'Hozier, mss., p. 1204.

Page.

De sinople à une barre d'or, écartelé d'or à un pal de sinople.
D'Hozier, mss., p. 1513, 1529.

Pagottière (de la), v. de Monettault.

Paillard de la Prouverie,

D'or à une bande d'azur.
D'Hozier, mss., p. 1214.

Paillard de Beauvais.

D'argent à un lion de gueules et un chef d'azur chargé de trois étoiles d'argent.

D'Hozier, mss., p. 318. — Le même, p. 1342, dit :
De gueules à cinq gerbes d'or, posées deux, une et deux.

Pailleraye (de la), v. Verdier.

Paillot (de) ; — dont un capitaine au régiment de Champagne, fait comte sur le champ de bataille de Fontenoy ; un lieutenant-colonel de mobiles en 1870.

D'azur au chevron d'or (?) accompagné d'une étoile de... en chef et de trois glands de... la tige en haut. Le chef de gueules à trois couronnes de...

Les armes primitives, sans les couronnes, sont dans une verrière de la cathédrale de Châlons. En chef on a autorisé les trois couronnes en mémoire des trois paroisses réunies en comté au nom de Paillot, près Vitry-le-François.

Sceau. — D. P.

Paillou.

D'or à un lion d'azur.

D'Hozier, mss., p. 436.

Painthièvre (de), v. de Penthièvre.

Pairers (de), v. de Quinemont.

Palavicini, v. Apelvoisin.

Palet (de), v. Souvaing.

Palis (des), v. de Pontlevoy, — de la Verderie, — de Cherité.

Pallet (du), v. Barin.

Pallu (du) du Parc.

D'argent à l'olivier de sinople accosté de deux mouchetures d'hermines de sable,

Devise : *Pro patria virescit.*

Mss. 993. — V. du Bellay.

Pallüe (de la).

D'argent à deux fasces, la première crénelée de gueules par le bas et la deuxième de sable.

Audouys, mss. 994, p. 138. — Gencien, mss. 996, p. 58.

Paluau (du), v. de Clérembault.

Panantays (de).

Écartelé aux premier et quatrième d'or, aux deuxième et troisième de gueules, au lion rampant, brochant sur le tout de l'un en l'autre.

Audouys, mss. 994, p. 138.

Pandoumois (de), v. de Parpacé.

Panetier ; — dont Jeanne, abbesse du Perray aux Nonains en 1504.

Palé d'argent et d'azur de six pièces.

D'Hozier, mss., p. 964.

Panneau (Charles), curé de St-Martin-de-la-Place, mort en 1706.

D'azur à une croix haussée d'argent plantée dans un cœur au naturel enflammé de même, la croix embrassée par deux bras de carnation passés en sautoir sortant de deux nuages d'argent mouvants des deux flanes de l'écu, le haut de la croix enfilé dans une couronne d'épines de sable et surmontée de deux mots écrits en lettres d'or : AMOR MEUS.

D'Hozier, mss., p. 607.

Panne (de la) de Lavau, — du Bois-Bineteau.

Fascé (?) de gueules et d'argent chargé chacun de deux annelets de gueules.

Mss. 995, p. 706. — V. Errault. — de Torchart.

Pannetier de Mirebeau; — dont Antoine-Joseph, chanoine de Saint-Pierre d'Angers † en 1730.

De... au chevron de... accompagné de deux étoiles de... en chef et en cœur d'un paon de...

Sculpt. 1700 chapelle du Château de Mirebeau, commune de Rablais.

Pannetier de la Planche, — de Tiercé.

De sable à cinq burelles d'argent, au quartier levé de gueules chargé d'un lion d'argent.

Gohory, mss. 972, p. 39.

Pannard (de), v. de Pennard.

Pantigné (de), v. Rousseau, — de la Rouveraye.

Pantin de la Hamelinière, — de Landemont, — de la Guerre, — de la Chaussoire, — de la Boissière, — de Cossé, — du Vau, — de Denée, — de la Rouaudière, — de Champtoceaux, — de la Tesserie, — de la Champinière, — d'Ecubart, — de Leveau ; — dont Charles, chevalier de Saint-Louis en 1789.

D'argent à la croix de sable cantonnée de quatre molettes de gueules.

Audouys, mss. 994, p. 135. — Gaignières, Armorial, mss., p. 30. — Mss. 703. — Armorial, mss. de Dumesnil, p. 17. — Mss. 995, p. 94. — Roger, mss. 995, p. 16. — Mss. 993 et 439. — Gencien, mss. 996, p. 57. — Gohory, mss. 972, p. 124. 42, dit : *le champ d'or*, comme Roger, mss. 995, p. 16 dit : *la croix de gueules...* — V. de Soland.

Pantinnière (de la), v. Marecheau.

Papellerye (de la), v. Prieur.

Papin de la Thevinière, — du Plessis-de-Gesté, — de Pontcallec ; — dont Pierre et Elist, taxés chacun deux écus pour la rançon du roi Jean en 1360 entre les nobles de Montreveau ; Josias, chevalier de l'Ordre du roi, 1586.

D'azur à l'épée haute d'argent accompagnée de trois croisettes de même.

Mss. 993 et 703. — Ce dernier donne aussi comme les suivants :

De gueules à la fasce fuselée d'or.

Gohory, mss. 972, p. 56. — Gaignières, Armorial, mss., p. 10. — Mss. 995, p. 90. — Audouys, mss. 994, p. 135. — Gencien, mss. 996, p. 57. — Roger, mss. 995, p. 18.

Papinaie (de la); v. de Bréon.

Papinière (de la), v. de la Grandière.

Papottière (de la), v. Dosdefer, — Barnabé.

Paquier, v. Pasquier.

Paragère (de la), v. Le Bâtard.

Parc (du), v. d'Ingrandes, — Bardin, — Cohon, — d'Ozouville.

Parcé (de), v. du Coudray, — de Champagné, — Grandhomme, — de Laval.

Pardaillan Gondrin d'Antin (de), dont Julie-Sophie, abbesse de Fontevrauld en 1765.

Parti de quatre traits coupés d'un, ce qui forme dix quartiers : au premier d'argent au lion de gueules, à la bordure d'argent, chargée de sept écussons de sinople mis en orle, chargés chacun d'une fasce d'or, qui est Espagne-Montespan ; au deuxième d'azur au lion d'or armé et lampassé de gueules, qui est de Saint-Larry ;

au troisième d'azur à la cloche d'argent bataillée de sable, qui est
Lagorsan ; *au quatrième d'azur à trois pointes d'argent,* qui est
Fumel ; *au cinquième d'argent à trois fasces ondées d'azur,* qui est
de Pardaillan ; *au sixième de gueules au vase d'or,* qui est Orbessan ;
au septième d'or à trois pals de gueules, qui est la Barthe ; *au
huitième d'or à une clef de sable adextrée de trois tourteaux de
gueules,* qui est d'Antin ; *au neuvième d'azur au lion d'or surmonté d'une devise d'argent et en chef une fleur de lis d'or ; au
dixième fascé et ondé d'argent et de gueules,* qui est Rochechouart ;
*sur le tout d'or au château sommé de trois tours de gueules, sur-
monté de trois têtes de maure de sable tortillées d'argent,* qui est
Castillon.

Carré de Busserolle, p. 734.

Parenneau (du), v. Roussard.

Parerie (de la), v. de l'Hommeau, — Martineau.

Parigné (de), v. des Rotours, — Bitault, — de Pincé.

Parigny (de), v. Odart.

Paris (de), v. Arnauld, — Poncet.

Parme (de), v. de Richaudau, — Farnèse, — de Lombardie.

Parnay (de), v. Roy, — du Plessis, — de Richaudeau, Dosdefer, — de Marconnay.

Parpacé (de), de Champmarin.

D'hermines au chef burelé d'or et de gueules de six pièces.

Audouys, mss. 994, p. 136. — Roger, mss. 995, p. 12. —
Gohory, mss. 972, p. 73. — Gaignières, Armorial, mss., p. 13.
— Mss. 995, p. 105. — Gencien, mss. 996, p. 58, — V. de Rides-
Perriers.

Parrage.

De sable à un bouclier d'or.

D'Hozier, mss., p. 1432.

Parsay (de), v. Marsault.

Parthenay (de) de Soubise, — de Semblançay, — de Mathefelon ; — dont Alienor, abbesse de Fontevrault, 1373-1390 ; un archevêque de Bordeaux en 1086, etc.

Fascé d'argent et d'azur de dix pièces à la bande de gueules brochant sur le tout.

De Courcy. — Mss. 995, p. 56. — V. de la Porte.

Parvis (du), v. Le Metayer, — de Juigné.

Pas (de), de la Feuquière ; — dont un premier chambellan d'Henri IV, mort à Ivry, père de Manassès, né à Saumur, 1590, maréchal de camp, ambassadeur extraordinaire, tué à Thionville.

De gueules au lion d'argent.

Sceau. — Sculp. cloche d'Épinard, 1705.

Pas (de) de la Grée ; — dont Georges, conseiller du roi, assesseur à l'Hôtel de Ville d'Angers, 1696.

D'argent à deux fasces de gueules accompagnées en chef d'une hure de sanglier de sable.

D'Hozier, mss., p. 80. — Le même. p. 529, donne à la branche de la Grée... *les deux fasces de sable au chef d'or chargé d'une hure de sanglier de sable défendue d'argent...* — Le Mss. 993 dit aussi... *d'azur à deux fasces d'or...*

Paschis (de), dont Florentin, chevalier du Croissant.

D'azur semé de croisettes recroisettées de... à deux bards adossés et séparés par une croisette de...
Mss. 993, 999 et 1000.

Pasdeloup (de), v. Le Noir.

Pasqueraye (de la).

De gueules à trois bandes d'argent.
D'argent à trois merlettes de gueules.
D'Hozier, mss., p. 929.

Pasqueraye (de la) de la Girardière, — des Granges, — de Saint-Jean-des-Mauvrets, — du Rouzay; — dont Étienne, grainetier au grenier à sel d'Angers, 1640; François, grand archidiacre et vicaire général d'Angers, mort en 1750.

D'or à la bande d'azur accompagnée de six étoiles d'argent dont trois adextrées aussi posées en bande et les trois senestrées posées deux et une.
Gencien, mss. 996, p. 56. — Roger, mss. 995, p. 17. — Gaignières, Armorial, mss , p. 46. — Mss. 995, p. 123, 118. — Gohory, mss. 972, p. 47. — Audouys, mss. 994, p. 135. — D'Hozier, mss., p. 74, dit... *d'azur à la bande d'or*... — V. de la Pouqueraie.

Pasquerie (de la), v. Gaultier.

Pasquier.

D'argent à une croix ancrée de sable.
D'Hozier, mss., p. 952.

D'azur à trois paquets d'argent liés de gueules.
D'Hozier, mss., p. 1338.

D'azur à deux palmes d'or posées en sautoir; accompagnées de quatre étoiles de même.
D'Hozier, mss., p. 1141.

Pasquier de Chatelais ; — dont Louis, doyen des conseillers au présidial d'Angers au xviie siècle.

D'azur à trois étoiles d'or posées deux et une.

Mss. 993.

Passardière-Brichet (de la).

D'azur à trois barres d'argent rangées en fasce.

D'Hozier, mss., p. 953.

Passavant (de) ; — dont Philippe, chevalier portant bannière du temps de Philippe-Auguste ; Guillaume, évêque du Mans † en 1158.

Échiqueté d'or et de gueules au chef d'azur chargé d'un lion passant de gueules.

Mss. 703. — Audouys, mss. 994, p. 132. — Mss. 995, p. 62. — Gencien, mss. 996, p. 55. — La maison de Passavant porta postérieurement : *De gueules écartelé d'argent à la fasce d'azur.* — V. de Tusseau, — de Gouffier, — de la Haie.

Passay (de), v. de Salles, — Champlaye.

Passerat (de), v. Bodet.

Passet.

De gueules à une fasce d'or écartelé d'or à une fasce de gueules.

D'Hozier, mss., p. 1513.

Passetière (de la), v. de Cordon.

Passi (de), v. de Beaumont.

Pasti (du), v. des Patis.

Pataudière (de la), v. Fergon.

Pateau.

Échiqueté d'or et d'azur.
D'Hozier, mss., p. 1130.

Patemière (de la), v. Bitault.

Patis (des), v. Goulet, — d'Eschelles, — Carion, — Gourreau, — Berthelot, — Goulay, — de la Gauvrière.

Patissaye (de la), v. Morel, — Gousdé.

Patoil (du), v. Lanier.

Patouillière (de la), v. Lirot.

Patrière (de la).

D'or à six lionceaux de gueules posés trois et trois.
Gohory, mss. 972, p. 103. — Audouys, mss. 994, p. 140. — Gencien, mss. 996, p. 58. — V. Lenfant.

Patry de l'Aubinière, — du Moulinet, — de Château-gontier, — d'Aulnay, — de la Fontaine, — de la Faucille, de Saint-Aubin-du-Pavoil, — de Saint-Vincent, — de Breon, — de Mainneuf, — de Sully, — de Vaux ; — dont François, trésorier de France au bureau de la généralité en 1766.

De gueules à trois quintefeuilles d'argent posées deux et une.
Audouys, mss. 994, p. 131. — Mss. 993, Généalogie de Champagné.

Paty (du), v. des Patis.

Paulinier.

D'or à un palmier de sinople.
D'Hozier, mss., p. 900.

Paulinnière, v. de la Brunettière.

Paumart (Jean), abbé de Pontron en 1500-1515.

D'azur à une étoile d'or accostée de trois besans d'argent.
Mss. Grille, 135 *bis*, cité par M. Port, t. III, p. 149.

Paumelière (de la), v. Mabille.

Paumier.

D'azur à trois lions d'or posés deux et un.
D'Hozier, mss., p. 1028.

Paumier (Jacques), curé de Soulaines, 1681.

D'azur à un chevron d'or accompagné en chef de deux étoiles d'argent, et en pointe de deux palmes passées en sautoir et liées d'un ruban de même.
D'Hozier, mss., p. 510.

Pauvert.

D'or à une croix ancrée de gueules, cantonnée de quatre roses de même.
D'Hozier, mss., p. 934.

Pavant (de), v. Gilles.

Pavée (de), v. Goupil.

Pavoil (du), v. Patry, — de la Faucille.

Payen, v. Péan.

Payneau de la Boucherie, — de Pegon, — des Noües, — de la Girardière; — dont Paul, capitaine au régiment royal des vaisseaux, XVIIe siècle; François, écuyer, lieutenant de la Maréchaussée d'Anjou, 1696.

De gueules à l'aigle éployée d'or, accompagnée de deux colonnes d'argent.

Audouys, mss. 994, p. 139. — D'Hozier, mss. p. 65, 68, 584. — Le même, p. 530, dit... *l'aigle d'or becquée et membrée de sable*, et ajoute *une bordure de sable...*

Payneau, curé de Saint-Pierre-des-Echaubrougnes, dans les Marches d'Anjou, 1696.

D'argent à une bande d'azur, accompagnée de deux croisettes de sable, une en chef et une en pointe.

D'Hozier, mss., p. 322.

Pays-Meslier (du) du Vau, — de la Garde, — de Lathan, — de Chavaignes, — de Bouillé, — de la Guillonnière, — de la Guerinière, — de Trélazé, — de Breil; — dont François, président au présidial, maire d'Angers, 1747-1750; André, mousquetaire de la garde du roi, 1729; Mathias, juge-consul à Angers, 1729; Mathurin, commissaire de la juridiction consulaire d'Angers, 1720; Jacques, chevalier de Saint-Louis, 1789.

D'argent à l'oranger de sinople sur une terrasse de même fruitté d'or.

Jeton municipal avec devise : *Assiduis consiliis.*

Audouys, mss. 994, p. 133. — Mss. 993. — Sceau XVIIIe siècle. — La famille a ajouté *une merlette de sable sur l'arbre.*

Paysan (Louis-Robert), évêque d'Angers, 1840 †
1841.

D'azur à une croix et une ancre d'argent en sautoir.

Devise : *Spe nitimur.*

Sceaux et imprimés officiels.

Pazzi ; — dont Jacques, florentin et chevalier du
Croissant en 1448.

*D'azur à deux bars adossés d'or, l'écu semé de croix recroisettées
au pied fiché de même ; au lambel de gueules de trois pièces, celle
du milieu tenant une voile d'argent chargée d'une bande de gueules.*

Mss. 999.

Péan du Palluau, — de la Tuillerie.

*D'azur à trois fasces d'or au chef de sable chargé d'une croix
potencée d'or.*

Mss. 995, p. 78.

Péannerie (de la), v. d'Andigné.

Peaulerie (de la), v. des Ridelliers.

Peccottière (de la) v. Le Barroys.

Peffault de la Tour ; — dont Dominique, échevin de
Beaufort en 1760, médecin du collège royal de La Flèche,
1775 ; Dominique-René, médecin à Angers, 1767 ; Joseph,
chanoine curé de Beaufort, 1801.

De... à trois étoiles de... posées deux et une.

Sceau xviiiᵉ siècle.

Pegon (de), v. Payneau, — Blanchard.

Peigne (de) de la Roussière.

D'azur à un peigne d'argent accompagné de trois étoiles d'or.

Peinture, chapelle de la Vieille-Roussière. — Gaignières, Armorial, mss., p. 39. — Gencien, mss. 996, p. 34. — Roger, mss. 995, p. 12, dit... *un peigne couché d'or en cœur.*

Peigné ou Le Peigné de Lormont ou de Lormaye, — de la Charlottière.

De sable à l'épée d'argent surmontée d'un fer de mulet et accostée de deux autres fers de mulet de même percés de sable.

Mss. 439. — Audouys, mss. 995, p. 143. — Armorial, mss. de Dumesnil, p. 17. — Audouys, p. 137, dit *d'azur* au lieu de *sable* et *deux fers de sable* au lieu de *trois.*

Peignerie (de la), v de Vaurimaire.

Peillevoisin (de), v. Apelvoisin.

Pelaud de Lespinay-Greffier, — de Combrée, — des Roches-de-Gennès, — de la Messonnière, — d'Érigné, — du Primats, du Bois-Bernier.

De gueules semé de billettes d'or, au lion d'argent armé, lampassé et couronné d'or.

Devise : *Partout à Manière.*

Support : *Deux sauvages avec leurs massues d'or.*

Gaignières, Armorial, mss., p. 42. — Audouys, mss. 994, p. 132. — Roger, mss. 995, p. 7. — Mss. 995, p. 112. — Gencien, mss. 993, p. 56.

Pelaud de Bois-Bernier, — de Combrée, — de l'Espinay, — de Bouzillé, — de Chemillé, — du Colombier, — de Champanais; dont Jean, taxé trois écus pour la rançon

du roi Jean en 1360 entre les nobles de la Chastellerie et de Châteauceaux.

D'argent à trois aigles de sable posées deux et une.

Armorial, mss. de 1608, p. 9. — Audouys, mss. 994, p. 132. — Mss. 995, p. 101. — Mss. 703. — Gencien. mss. 996, p. 56, dit... *à une aigle de sable...* — Le mss. 995 dit : *De gueules semé de billettes d'or à un lion d'or armé et couronné de même.*

Pelé.

De gueules à trois trèfles d'argent.

D'Hozier, mss., p. 1006.

Pelé ; — dont Guillaume, archidiacre d'Outre-Loire en 1463, chanoine de Tours.

D'argent au chef de sable.

Carré de Busserolle, p. 742. — **V. Pellé.**

Pelé de Landebry ; — dont François, sénéchal de Chemillé comme son père ; et François, partisan, égorgé à Sablé, 1593.

D'azur à l'étoile d'argent accompagnée de trois roses d'or posées deux en chef et une en pointe.

Audouys, mss. 994, p. 107, 140. — Guillaume Ménage, vie de Pierre Ayrault.

Pelerin.

D'argent à une croix engrelée de sable.

D'Hozier, mss., p. 1133.

Pelerin ou Peregrin (Jean), dit « Viator, » secrétaire de Nicolas d'Anjou, 1470.

D'or au bourdon de sable en pal accosté de deux coquilles de gueules.

Pierre sculptée de la Métrelle, en Saint-Cyr. — C. Port, t. III, p. 66.

Peliconnière (de la), v. Bazoges.

Pelisson.

Fascé d'or et de sinople de six pièces.
D'Hozier, mss., p. 934.

Pelissonnière (de la), v. Grignon.

Pellé.

D'azur à un cygne d'argent.
D'Hozier, mss., p. 1218.

Coupé d'or et de gueules à un lion aussi coupé de l'un en l'autre.
D'Hozier, mss., p. 1133. — V. Pelé.

Pellegrain de l'Étang.

D'azur a la tour d'argent accolée d'une bisce de sinople.
D. P.

Pellerinnières (des), v. de la Beraudière.

Pelletier.

De gueules à une peau d'hermine.
Mss. 703. — V. Peltier et Le Pelletier.

Peloquin des Ports ; — dont N..., taxé un écu pour la rançon du roi Jean en 1360, entre les nobles de Chantoceaux.

De gueules à la tour d'argent maçonnée de sable.
Mss. 703,

Peltier.

De gueules à trois besans d'argent.

D'Hozier, mss., p. 1007. — V. Le Pelletier et Pelletier.

Pendreff (de), v. de la Pierre.

Pennard (de) du Port-d'Arouesse, — de Miré, — de la Guedonnière, — de Forges, — de la Balluère, — de Chantepie ; — dont Olivier, prieur de la Papillaye, confesseur de Jeanne de Laval, 1455.

D'argent à deux bandes de gueules.

D'Hozier, mss., p. 42. — Mss. 703. — Audouys, mss. 994, p. 131, dit *trois bandes...*, il cite en outre une note de Menard indiquant :

D'azur à deux aigles d'or armées et membrées de gueules en chef ; et un dragon rampant d'or en pointe.

Penthièvre (de) puîné de Bretagne, — de Chantocé.

De Bretagne à la bordure de gueules pour brisure.

Audouys, mss. 994, p. 139. — Mss. 995, p. 59. — V. de Blois.

Pentière-Léon (de la), v. Moysand, — Chalopin.

Pentin, v. Pantin.

Pepin de Sevigné.

D'azur au chevron palé de gueules et d'argent cantonné de trois pommes de pin d'argent la pointe en bas.

Mss. 993.

Peraie (de la), v. Malineau.

Perain (du), v. Foucher.

Peraudière (de la), v. Serezin.

Peray (du), v. Belin.

Percault de la Peroussaye, — de Combrée, — d'Ingrande, — de la Viceulle, — de la Fontaine, — du Margat, — de la Blaire.

De sable à une fasce d'argent accompagnée de deux coquilles d'or en chef et d'un croissant de même en pointe.

Audouys, mss. 994, p. 132. — Roger, mss. 995, p. 8. — Gohory, mss. 972, p. 10. — Le mss. 995, p. 104, et Gencien, mss. 996, p. 58, suppriment... *le croissant* et disent... *trois coquilles d'or...,* et Gaignières, Armorial, mss., p. 38 dit... *trois croisettes d'or posées deux en chef et une en pointe* au lieu de *trois coquilles.*

Perchambault (de), v. de la Bigottière.

Percher (du), v. de Tinteniac, — Bautru.

Perdrillière (de la), v. Sigonneau, — Rouger, — Esperon.

Periers.

De gueules à un château sommé de trois tours d'or.

D'Hozier, mss., p. 1216. — V. de Maumeschin. — de Perriers.

Perin (du).

D'argent à une aigle de sable.

D'Hozier, mss., p. 871. — V. Rousseau. — Troteau, — Loheac, — Perrin.

Perinne (de la), v. de la Perrinne.

Perinnet.

De gueules à un loup passant d'or.

D'Hozier, mss., p. 890.

Pernay (du), v. Richaudeau.

Pernot.

D'or à cinq trèfles d'azur posés en sautoir.

D'Hozier, mss., p. 1210.

Perotteau.

D'azur à une croix dentée d'or.

D'Hozier, mss., p. 912.

Peroussaie (de la), v. de la Perroussaie.

Perraudière (de la), v. Crespit, — de Pierres, — Moreau, — Le Tourneux.

Perrault de la Berthaudière.

De gueules à la bande d'argent chargée d'une aiglette éployée de sable ; accompagnée de trois losanges aussi de sable, posés deux en chef et un en pointe.

Audouys, mss. 994, p. 137. — Deux sceaux du xviii° siècle portent :

D'argent (?) à trois merlettes de...

De... à un cœur percé d'une flèche soutenue par une terrasse de... accompagnée d'une étoile de... en chef et de deux besans surmontés du mot Morior. — Les Perrot des Roches (en Touraine) portaient : *D'argent à deux cœurs enlacés et percés de deux lances de gueules.* — V. Perrot.

Perray (du), v. Louet, — Neau, — Romain, — Nyeble.

Perray-aux-Nonains (abbaye bénédictine de Notre-Dame du), dépendant de l'abbaye de Bellefontaine, en Mauges.

Audouys, mss. 994, p. 138, donne à cette abbaye les armes ci-desssous :

De gueules à trois bandes d'argent chargées de six mouchetures d'hermines ; trois sur la première, deux sur la deuxième, une sur la troisième à trois besans d'argent rangés en chef.

V. en outre Angers 7°

Perray-Neuf (l'abbaye du), ordre des Prémontrés fondée au xiiᵉ siècle, dépendant du diocèse d'Angers.

D'azur à une crosse d'or et un chef d'argent chargé de trois poires de gueules.

D'Hozier, mss.

Le Couvent des religieux Prémontrés du PERRAY-NEUF.

De gueules à un pairle d'or accompagné de trois croix d'argent.

D'Hozier, mss., p. 1412.

Perray (du) de Nuilly, — de la Tartedie (primitivement appelé Schumenter de la Roche-Garenne, originaire d'Allemagne).

D'or à deux léopards à la queue nouée de gueules membrée et lampassée d'azur au chef de gueules.

Mss. 439.

Perraye (de la), v. Malineau.

Perrier (Nicolas), maître ès-art, chapelain de l'Église d'Angers, 1500.

De... à un poirier d'or fruité d'or...

Célestin Port, t. III, p. 78. — Sceau. — V. Perier.

Perrière (de la) d'Avrillé.

Écartelé aux premier et quatrième d'azur à trois glands d'or, aux deuxième et troisième d'argent à la croix échiquetée de... et de...

Audouys. mss. 994., p. 138. — V. de Portebise, — Nepveu, — de Varennes-Godé, — du Verdier, — Malbranche, — Bachelier, — Couscher, — de Jonchères, — Garsanlan, — de Meaulne, — d'Orvaulx.

Perrière (de la) du Lion d'Angers, — de Jonchères.

De France à un bras de lion d'or arraché, posé en fasce.

Mss. 995, p. 84. — Gohory, mss. 972, p. 30. — Roger, mss. 995, p. 7.

Perrières (des) de Blou.

Bandé d'argent et d'azur au chef de gueules chargé d'un lion passant d'or.

Gaignières. Armorial, mss., p. 28. — Gencien, mss. 996, p. 56. — Mss. 995, p. 105. — Roger, mss. 995, p. 19. — Le mss. 703 dit : *Un léopard* au lieu d'*un lion*... — V. de Jonchères — Le Jumeau.

Perriers (de), v. de Maumeschin.

Perriers (de) de Saint-Georges-du-Bois, — du Bouchet, — de Parpacé, — de Mandon, — de la Martinière, — d'Ampignellé, — de la Graffinière, — de Chaffes, — du Haut-Pignel ; — dont Ambroise, chevalier de Malte en 1606.

D'azur semé de larmes d'or au lion de même, armé, couronné et lampassé de gueules.

Peinture, xviᵉ siècle, au château de Saint-Georges-du-Bois. — Sculpt. 1573, église de Saint-Georges. — Roger, mss. 995, p. 7. — Gaignières, Armorial, mss., p. 28. — Mss. 439. — Mss. 995, p. 98. — Audouys, mss. 994. p. 132, et le mss. 703 ajoutent : *trois fleurs lis d'or une en chef et deux en flanc...* — D'Hozier, mss., p. 1529, donne aux Perriers de Saint-Georges.

De sable à une fasce d'argent écartelé d'argent à une fasce de sable.

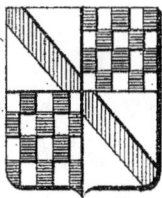

Le Roy
de Champigny

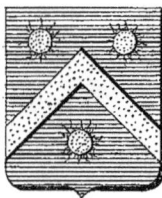

Le Roy
de la Poterie

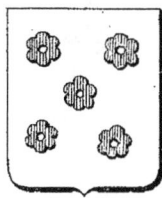

Le Royer
de Chantepie

Le Tourneux
de la Perraudière

Mabille du Chêne

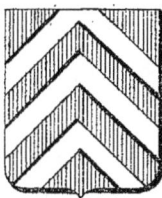

Raoul
de Machecoul

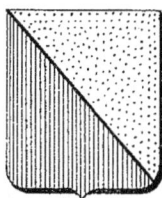

de Madaillan

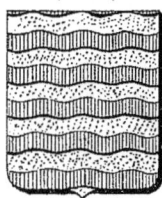

de Maillé

Malbranche

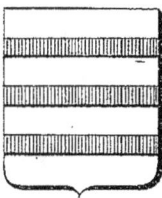

Malemouche

Malfilastre

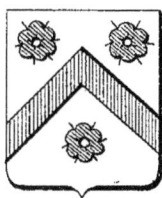

Maquenon

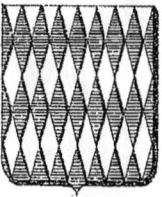

Marchay

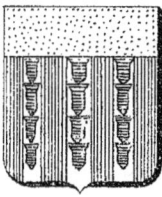

de Marconnay

Marian

Marquis de la
Motte-Baracé

40

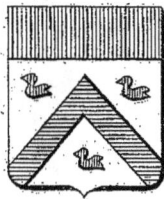
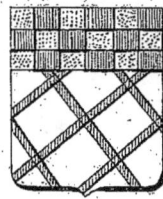

| de Martigné (Renaud) | Martin de la Martinière | Martineau | du Mas |

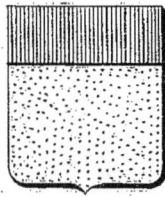
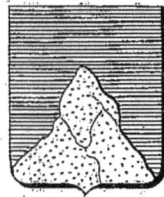
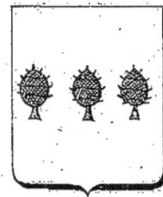

| de Mathefelon | Maulévrier | Maussion du Joncheray | Mauvif de Montergon. |

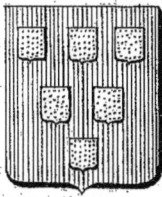

| Mayenne (Geoffroy de) | Mazarin | de Meaulne | de Meguyon |

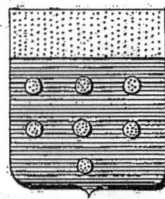
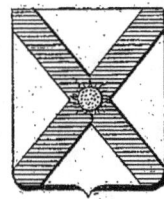

| Mélinais (l'abbaye de) | de Melun | Ménage | Menard |

41

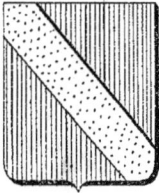

Menou

de Mergot

du Mesnil

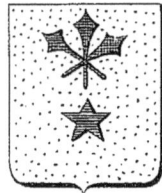

Michel
(Jean)

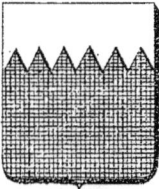

de Milly

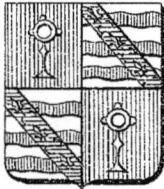

Miron
(Charles)

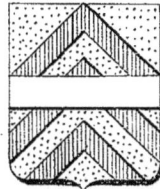

de Montalais

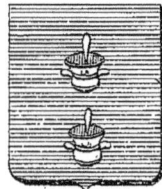

Montault-des-Isles
(Charles)

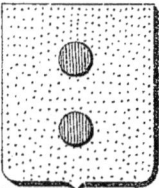

de Montesquiou

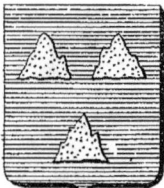

Montilliers
(Prieuré de)

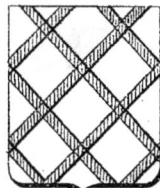

de Montjean

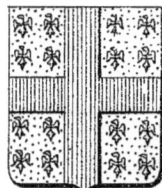

de Montmorency

de Montmorin

Montortier

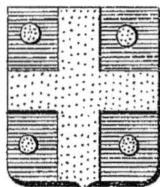

Montreuil-Bellay
(la Ville de)

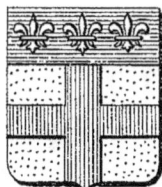

Montsoreau
(la Ville de)

42

de Montzey

Morin

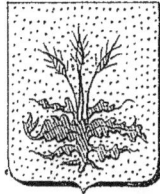

Motihaye
(de la)

de Nassau

Nepveu

de Neuchêse

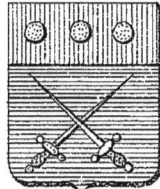

Neveu
de Champrel

Nicollon
de Chanzé

Nivard

de Nogent

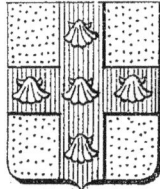

Odart
de Rilly

Oger
de la Houssardière

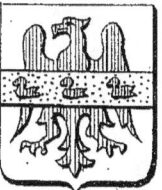

Ogeron
de la Bouère

Olivier
(Jean)

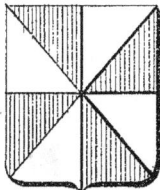

D'Onz-en-bray

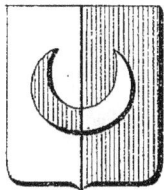

d'Orange

PRINCIPALES ABRÉVIATIONS USITÉES DANS L'ARMORIAL

P. Anselme. — La science héraldique, 1675, in-4°. — Histoire généalogique de France, 9 vol. in-fol., 1726.

Armorial mss. de 1608. — Dans le recueil mss. 995 de la Bibliothèque d'Angers.

Audouys, mss. 994. — Armorial du xviiie siècle, mss. 994 de la Bibliothèque d'Angers.

Ballain. — Annales d'Anjou, mss. 867 de la Biblioth. d'Angers.

Beauchet-Filleau. — Dictionnaire général du Poitou, 1849-1854, 2 vol. in-8°.

Bruneau de Tartifume. — Angers, mss. 871, à la Bibl. d'Angers.

Carré de Busserolle. — Armorial de Touraine publié en 1867, in-8°.

Cauvin. — Armorial du Maine, publié en 1843, in-18. — Supplément par M. de Maude, 1860, in-12.

Chevaliers du Saint-Esprit. — Mss. E. 285. au Prytanée militaire.

De Courcy. — Armorial de Bretagne, publié par Potier de Courcy en 1862, 2e édition, 3 vol. in-4°.

D. P. — Note communiquée.

Dumesnil. — Armorial de Dumesnil d'Aussigné, xviie siècle, dans le recueil mss. 995 à la Bibliothèque d'Angers.

Gaignières. — Armor. mss. de Gaignières, à la Biblioth. nationale.

Gencien. — Armorial (attribué jusqu'ici à Gohory) dressé par Gencien d'Érigné, xviiie siècle, mss. 996 de la Bibl. d'Angers.

D'Hozier mss. — Armorial général officiel dressé de 1696 à 1706, mss. de la Bibliothèque nationale, — généralité de Tours (à moins d'indications contraires).

La Chesnaye-des-Bois. — Dictionn. de la noblesse. édit. de 1869, 15 vol. in-4°.

Lehoreau. — Cérémonial de l'église d'Angers. 1692-1720 mss. à la bibliothèque de l'Evêché d'Angers.

Louvan Geliot. — La vraie et parfaite science des armoiries, in-fol., 1664.

Mss. 14. — Généalogies angevines, 1666, originaux du cabinet des titres, à la Bibliothèque nationale.

Mss. 439. — Maintenue de la noblesse de la généralité de Tours, en 1666, mss. à la Bibliothèque nationale.

Mss. 703. — Arm. mss. d'Anjou du xviiie siècle. Bibl. nationale.

Mss. 972 et 983. — Arm. mss. de Gohory, 1608, Bibl. nationale.

Mss. 993. — Collection de notes héraldiques, recueil de la Bibliothèque d'Angers.

Mss. 995. — Armor. mss. du xviie siècle, à la Biblioth. d'Angers.

Mss. 999 à 1001. — Armoriaux des chevaliers du Croissant, xviie siècle, à la Bibliothèque d'Angers.

Mss. d'Orléans. — Armorial d'Anjou, dressé en 1698, mss. à la Bibliothèque d'Orléans.

Ménage. — Histoire de Sablé (première partie), 1683.

C. Port. — Diction. de Maine-et-Loire, 3 vol. in-8° (1869-1878).

Roger, mss. — Rôle des nobles, écrit par B. Roger au xviie siècle, mss. 995 de la Bibliothèque d'Angers.

Sainte-Marthe. — Histoire généalogique de France, 2 vol. in-fol., 1628.

Sceaux. — Sceaux d'après les empreintes ou les matrices.

Versailles, croisades. — Peintures de la salle des Croisades, palais de Versailles.

OUVRAGES RELATIFS A L'ANJOU ET AU MAINE

MONOGRAPHIE DE NOTRE-DAME DE BEAUFORT, église et paroisse, de l'origine jusqu'à nos jours, par M. Joseph DENAIS. — Un beau vol. in–8°, gravures et plans.
Le même, in–12 de 563 pages, gravures et plans, 4 fr.

HISTOIRE DE L'HOTEL-DIEU DE BEAUFORT (1412–1871), par le même auteur. — In–12 en deux couleurs, 1 fr. **50**.

UNE MAISON D'ÉDUCATION PENDANT TROIS SIÈCLES : le collége de Beaufort fondé en 1577, par le même auteur (*pour paraître prochainement*).

LE CHATEAU DE BEAUFORT, ses comtes et ses seigneurs, par le même auteur (*en préparation*).

LE PAPE DES HALLES , RENÉ BENOIST , angevin , évêque de Troyes, surintendant du collége de Navare, conseiller du roi , doyen de la Faculté de Théologie de Paris , confesseur de Marie Stuart et de Henri IV, curé de Saint-Eustache de Paris (1521–1608), par le même auteur. — In–8°, papier vergé de Hollande, portrait sur cuivre du XVIIe siècle, 5 fr.

L'ABBAYE DE CHALOCHÉ, au diocèse d'Angers (1119–1790), par le même auteur, — In–8°, papier de Hollande.

JEAN TARIN, angevin, recteur de l'Université de Paris (1580–1666), par le même auteur. — Brochure in–8°, papier de Hollande.

OLIVIER LEVÊQUE ET LA FONDATION DU COLLÉGE DE SABLÉ EN 1602, par le même auteur. — In–8°, papier de Hollande.

LES VICTIMES DE QUIBERON, d'après le manuscrit du général Lemoine, par M. Joseph DENAIS.— In–8°, papier de Hollande, **3** fr.

DAVID D'ANGERS, sa vie, son œuvre, ses écrits et ses contemporains, par M. Henry JOUIN, ouvrage couronné par l'Académie française. — 2 vol. grand in–8° richement illustrés, Prix : 50 fr. Sur papier de Hollande, **200** fr.

LIBRAIRIE GERMAIN ET G. GRASSIN, ANGERS.

OUVRAGES RELATIFS A L'ANJOU ET AU MAINE

MONOGRAPHIE DE NOTRE-DAME DE BEAUFORT, église et paroisse, de l'origine jusqu'à nos jours, par M. Joseph Denais. — Un beau vol. in-8°, gravures et plans.
Le même, in-12 de 563 pages, gravures et plans, **4 fr.**

HISTOIRE DE L'HOTEL-DIEU DE BEAUFORT (1412-1871), par le même auteur. — In-12 en deux couleurs, 1 fr. **50.**

UNE MAISON D'ÉDUCATION PENDANT TROIS SIÈCLES : le collége de Beaufort fondé en 1577, par le même auteur (*pour paraître prochainement*).

LE CHATEAU DE BEAUFORT, ses comtes et ses seigneurs, par le même auteur (*en préparation*).

LE PAPE DES HALLES , RENÉ BENOIST , angevin , évêque de Troyes, surintendant du collége de Navare, conseiller du roi, doyen de la Faculté de Théologie de Paris , confesseur de Marie Stuart et de Henri IV, curé de Saint-Eustache de Paris (1521-1608), par le même auteur. — In-8°, papier vergé de Hollande, portrait sur cuivre du XVIIᵉ siècle, 5 fr,

L'ABBAYE DE CHALOCHÉ, au diocèse d'Angers (1119-1790), par le même auteur, — In-8°, papier de Hollande.

JEAN TARIN, angevin, recteur de l'Université de Paris (1580-1666), par le même auteur. — Brochure in-8°, papier de Hollande.

OLIVIER LEVÊQUE ET LA FONDATION DU COLLÉGE DE SABLÉ EN 1602, par le même auteur. — In-8°, papier de Hollande.

LES VICTIMES DE QUIBERON, d'après le manuscrit du général Lemoine, par M. Joseph Denais.— In-8°, papier de Hollande, 3 fr.

DAVID D'ANGERS, sa vie, son œuvre, ses écrits et ses contemporains, par M. Henry Jouin, ouvrage couronné par l'Académie française. — 2 vol. grand in-8° richement illustrés. Prix : 50 fr. Sur papier de Hollande, **200 fr.**

www.ingramcontent.com/pod-product-compliance
Lightning Source LLC
Chambersburg PA
CBHW070854280326
41934CB00008B/1440